KB075835

조경국

2006년부터 일기를 썼다. 여러 일터를 전전하다 2013년부터 경남 진주에서 작은 헌책방을 꾸리고 있다. 오늘 걱정은 내일로 미루고 내일 걱정은 모레로 미루면 된다는 대책 없는 긍정으로 버티는 중이다. 딱 20년만 책방지기로 일하고, 더 재밌는 일을 찾아볼 계획이다. 카메라, 캠코더, 스마트폰 사용법, 페이스북 활용법, 필사하는 법, 책 정리법, 오토바이 여행기, 책방 소설 등 두서도 맥락도 없이 글을 쓰고 책을 냈다. 몇몇 책은 일기가 바탕이 되었다. 코로나 바이러스가 일상을 바꿔 놓기 전인 2019년, 오토바이를 타고 오랫동안 꿈꾸었던 포르투갈 렐루 서점까지 여행을 다녀왔다. 덕분에 가까운 이들 사이에서 억세게 운 좋은 사람으로 통한다. 물론 이때도 꼬박꼬박 일기를 썼다.

일기 쓰는 법

일기 쓰는 법

매일 쓰는 사람으로
성찰하고 성장하기 위하여

조경국 지음

일러두기
본문에 인용한 문장의 출처는 미주에 정리해 두었습니다.

오늘부터 일기를 쓸 것,
그리고 포기하지 말 것!

일기 쓰는 법을 배울 필요가 있을까요? 이 책을 읽는 분들 모두 초등학생 때 일기를 썼고, 일기 쓰는 법도 배웠을 겁니다. 선생님께 일기를 검사받던 일은 괴로운 기억으로 남아 있겠지만요. 방학 때는 미뤄 둔 일기를 한꺼번에 몰아 쓰기도 했을 겁니다. 그러다 초등학교를 졸업하면 대부분 일기 쓰기를 그만둡니다. 숙제 같은 일기 쓰기에서 벗어나는 거죠. 저 역시도 마찬가지였습니다. 다시 일기를 쓰기 시작한 건 서른 살이 훌쩍 넘어서였죠. 다시 일기를 쓰기가 호락호락하진 않았습니다. 선생님께 검사받을 필요도 없는데 일기장 빈 페이지를 채우기가 어려웠습니다. 무의식 속에 제대로 써야 한다는 강박이 컸기 때문이 아니었을까요? 나 말고는 아무도 볼 사람이 없는데도 말이죠. 일기를 쓰겠다 마음먹은 후 습관이 밸 때까진 제법 오랜 시간이 걸렸습니다.

그렇게 일기를 쓰기 시작한 지 15년이나 흘렀지만 지금도 더 나은 방법이 없을까 궁리합니다. 일기에 대한 책들을 찾아보기도 했죠. 하지만 일기 쓰는 법에 대한 책은 대부분 초등학생을 가르치기 위한 것이었습니다. 그래서 주로 작가들이 남긴 일기를 찾아 읽었습니다. 겉으로는 화려해 보이지만 그들의 삶도 고단하더군요. 사람들에게 상처받고, 외로움을 견디지 못하고, 자신의 작품을 알아보지 못하는 이들에게 실망했던 일들이 그대로 일기에 담겨 있었습니다. 하지만 일기를 통해 마음을 다시 추스르죠. 수전 손택의 일기가 기억에 남습니다. 수전 손택은 1957년 12월 마지막 날 일기에서 "일기는 자아에 대한 나의 이해를 담는 매체"라며 "그저 매일의 사실적인 삶을 기록하는 것이 아니라 오히려 – 많은 경우 – 그 대안을 제시한다"고 썼습니다. 그들의 일기를 읽으며 '잘 쓰겠다'는 욕심을 버리고 우선 '꾸준히 써 보기나 하자'고 마음먹었습니다.

하루 한 페이지, 무슨 일을 했고, 누굴 만났고, 무얼 먹고, 어떤 감정과 생각을 가졌는지 정리하는 시간은 넉넉하게 잡아 30분이면 충분합니다. 그 시간을 내기 힘들 정도로 바쁜 분도 있겠지만 매일 그렇지는 않겠죠. 사실 일기를 쓰지 않던 시절에도 잡다하게 무언가 쓰거나 사진을 찍거나 오래된 물건을 수집하길 좋아했습니다. 하지만 그건 깨진 그릇의 파편 같더군요. 일기를 쓰기 시작하면서 비로소 일상을 온전한 기록으로 남기고 정리할 수 있었습니다. 하찮게 여길 만한 일들도 기록해 둔 덕분에 '풍요로운 과거'를 가지게 됐죠. 시시콜콜한 일들까지 기록하고 기억하는 것이 현명한지는 모르겠습니다. 하지만 니체가 "인간은 망각의 동물"이라 했듯 인간의 기억력은 한계가 있고 시간은 빠르게 흐릅니다. 붙잡을 수 없죠. 사람의 기억력은 믿을 만한 것이 아니어서 며칠 지난 일을 떠올리려 해도 불가능할 때가 많습니다. 일기는 과거의 기억을 되살리는 실마리가 됩니다. 일기가 모든 기억을 대신할 수는 없지만 과거를 복기할 수 있는 중요한 단서인 것은 분명합니다. 옛 일기를 다시 들춰 보면 기억에서 사라졌던 일들도 생생하게 떠오릅니다. 그것만으로도 일기를 쓰는 이유로 충분합니다. 일기가 쌓이면 나의 과거와 현재를 설명하고 이해하는 중요한 기록이 됩니다. 오랜 세월 일기를 꾸준하게 쓰고 있는 분들이라면 충분히 공감하실 겁니다. 과거를 제대로 기억하고 있어야 현재의 나를 제대로 들여다볼 수 있으니까요.

옛 일기를 들춰 보며 드는 감정은 복잡합니다. 세월이 쏜살처럼 빠르다는 걸 확인하며 과거와 현재의 내가 크게 변하지 않았다는 사실에 안도하고 더 나아지지 않았다는 사실에 또 실망하기도 합니다. 사람은 쉽게 바뀌지 않아서 일기를 쓴다고 드라마 같은 일이 일어나지 않는다는 것도 깨닫죠. 그럼에도 불구하고 일기를 써야 할 이유는 여러 가지입니다. 일기는 현재의 나를 흔들리지 않게 잡아 주죠. 그리고 하루를 정리하며 조금씩 어긋나는 일상의 궤도를 바로잡을 여유를 줍니다. 일기를 쓰며 희로애락애오욕喜怒哀樂愛惡慾이 뒤섞였던 일상을 차분하게 돌아볼 수 있죠. 삶은 항상 예측 불가능하고 나의 생각과는 다른 방향으로 흘러갈 때가 많습니다. 일기는 내 삶이 궤도를 벗어나지 않도록 중심을 잡아 주는 방향타입니다.

이 책이 새롭고 특별한 지식을 담고 있다고 생각지 않습니다. 그저 일기에 대한 저의 작은 경험과 이야기를 나름대로 정리했을 뿐입니다. 일기를 꾸준히 쓰겠다고 마음먹었지만 매번 실패했던 분에게 용기를 주고, 이제 시작하는 분에게는 시행착오를 줄일 방법을 알려 주는 가벼운 입문서로 읽히면 좋겠습니다. 『필사의 기초』(2016)로 시작한 '손으로 쓰는 재미'에 대한 이야기를 이 책으로 마무리 짓는 기분입니다. 펜을 들어 종이 위에 무언가 쓰는 재미, 문구에 대한 애정이 무엇보다 일기를 꾸준히 쓸 수 있게 만든 가장 큰 원동력이 아니었나 싶습니다. 거칠고 부족한 원고를 다듬어 주신 김은우, 송연승 님, 네 번째 책을 낼 수 있도록 허락해 주신 조성웅 대표님, 값진 경험을 나눠 주신 김동규, 정민희, 박채린 님께 깊이 감사드립니다. 마지막으로 1921년 2월 25일, 카프카가 남겼던 일기를 옮깁니다. 소소책방에서 독자님과 만날 수 있길 바랍니다.

"오늘부터 일기를 쓸 것! 규칙적으로 쓸 것! 포기하지 말 것! 설령 아무 구원도 오지 않더라도, 나는 언제라도 구원을 받을 만한 가치가 있고 싶다."

2021년 겨울
진주 소소책방에서
조경국

1
{ 왜 일기를 쓰기 시작했나 }

지금까지 간직하는 일기 중에 가장 오래된 것은 2006년 기록입니다. 그때는 은행에서 사은품으로 받은 작은 수첩에 중요한 일정이나 메모만 남겼습니다. 일기라고 하기에는 부족한, 일정 수첩 정도가 되겠군요. 하지만 2006년은 하루를 제대로 기록하기 시작한 해이고 이 수첩이 첫 일기장이니, 저에겐 의미가 큽니다. 그해부터 꼬박꼬박 일기를 써야겠다고 마음먹은 계기가 있습니다. 꽤나 번거롭고 사람을 끊임없이 의심해야 하는 일을 겪었기 때문입니다. 그 일이 반면교사가 된 셈입니다. 당시 저는 한 신문사에서 편집기자로 일하고 있었습니다. 편집기자는 취재기자가 쓴 기사를 지면에 실

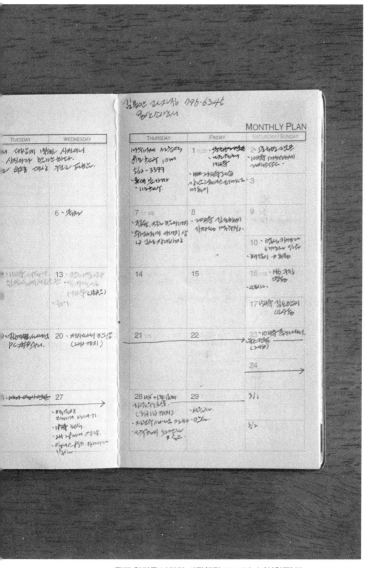

짧게 일기를 남기기 시작했던 2006년 수첩(왼쪽)과
일정을 정리했던 2008년 수첩.

기 전에 검토하고 편집하는 사람입니다. 그때 신문 기사에 다룬 사건의 가해자가 취재기자를 명예훼손으로 고소한 일이 있었습니다. 기사에서 피해자들의 입장만 대변하고 자신의 반론을 싣지 않았다는 이유였습니다. 기사를 편집한 저는 참고인 신분이었지만, 취재기자와 여러 피해자를 대신해 가해자를 만나며 기사 속 사건을 다시 기록했습니다.

　예상보다 재판 기간이 길어졌고 고소인을 여러 차례 만나야 했습니다. 고소인은 집요했습니다. 그간 쌓아 온 명예가 한꺼번에 나락으로 떨어질 수 있기 때문에 어떻게 해서든 기사의 허점을 잡아내고자 애썼습니다. 그가 자신의 무고함을 증명하려 내 앞에 내놓은 것은 꼼꼼하게 기록한 업무 일지였습니다. 그 일지 덕분에 가해자의 주장은 '신뢰'를 얻을 수 있었습니다. 반대로 피해자들은 자신이 당한 일을 증명할 아무런 기록을 가지고 있지 않았습니다. 마음 아픈 기억을 다시 떠올리기도 꺼려했지요. 정확한 날짜조차 기억나지 않는 과거 어느 날 겪은 일을 피해자들에게 다시 기억해 내라고 하는 건 제게도 괴로운 일이었습니다. 어쨌거나 가해자는 자기 기록을 십분 활용했고 저와 피해자는 그에게 당한 일을 입증할 기록이 없다는 사실 때문에 힘들었습니다. 분명 억울한 일을 당하고 상처를 입었는데도 법정에서 구체적으로 밝힐 수단이 없으니 답답할 수밖에 없었죠. 만약 피해자가 머릿속 기억만으로 모월 모일 가해자를 만났다고 증언했는데, 가해자가 그날 일기를 증거로 내밀며 피해자를 만난 적 없다고 반박한다면 누구 말을 더 신뢰할 수 있을까요? 1년 넘게 끌었던 재판 끝에 기사 내용은 문제가 없다고 결론 났습니다. 하지만 기사에 대해 명예훼손으로 트집 잡았던 가해자는 죗값을 치르지도 않았고 피해자들에게 사과나 보상도 하지 않았으니 해피엔딩은 아닙니다. 오히려 그의 고소로 피해자들은 한 번 더 고통을 받았죠.

이 사건으로 몇 가지 중요한 사실을 배웠습니다. 첫 번째, 가능하면 송사에 휘말리지 않는 것이 좋다. 두 번째, 정의가 항상 실현되는 것은 아니다. 세 번째, 사소한 기록도 때에 따라서는 값을 매길 수 없을 만큼 가치가 있다는 점입니다. 그 사건 이후로 전보다 더 꼼꼼하고 정확하게 일기를 쓰려고 노력했습니다. 기록하거나 일기 쓰는 일에 집착이 생겼죠. 인생의 쓴 약이 된 셈입니다. 이 일 덕분에 지금까지 줄곧 일기를 쓰고 나름 재미까지 붙였으니 나쁜 일이 인생을 피곤하게만 하는 건 아닌 듯합니다. 2006년 수첩을 열면 당시 가해자와 피해자의 연락처도 남아 있고 직접 만나 혹은 전화로 나눈 대화도 상세히 적혀 있습니다. 세월이 꽤 지났지만 수첩을 펼치면 그때 기억이 아주 구체적으로 떠오릅니다.

　일기를 쓰기 시작한 계기는 이렇게 괴로운 일이었으나, 일기의 가치를 다시 한번 깨닫게 된 일은 따로 있었습니다. 2010년 출판사 편집자로 일하던 시절 박정희 선생님의 오래된 육아일기를 마주할 기회가 있었습니다. 이 육아일기는 이듬해 『박정희 할머니의 육아일기』(걷는책, 2011)로 출간되었습니다. 박정희 선생님의 육아일기를 보며 선한 기록이 어떤 힘을 발휘하는지 깨달았습니다. 박정희 선생님은 우리나라 최초로 점자를 개발한 송암 박두성 선생의 둘째 딸로 1923년 태어나 일제강점기 경성여자사범학교를 졸업하고 선생님이 되어 아이들을 가르치다 결혼합니다. 첫째가 태어난 1945년부터 막내가 여섯 살이 되던 1965년까지 다섯 남매를 키우며 일기를 씁니다. 모든 것이 귀하던 시절이라 교회 악보 이면지에 일기를 쓰셨지요. 선생님은 일기를 쓴 이유에 대해 "나중에 자식들이 일기를 보면 자기의 존재가 퍽 고맙고 귀하다고 생각하고 기쁘겠기에"라고 하셨습니다. 선생님의 육아일기에는 '내가 너희를 어떻게 키웠다'는 이야기는 나오지 않습니다. 담담하게 무슨 일이 있었는지 글과 그림으로 기록했을 뿐입니다. 큰딸이 그림책을 보고 싶다고 졸라 그림까지 직접 그려 넣게 되었다고 합니다. 아기 이불로 표지를 입힌 선생님의 육아일기를 한 장씩 넘기며, 단정한 손글씨와 정성 들인 삽화에 얼마나 감탄했는지 모릅니다.

나중에 선생님의 육아일기가 국가기록원에 기증되었다는 소식을 듣고 그럴 가치가 충분하다고 생각했습니다. 그 일기에는 해방 이후부터 1960년대까지 상황이 어떠했는지 아이를 키우는 엄마의 눈으로 관찰한 소중한 정보들이 담겨 있습니다. 역사가 승자의 기록으로만 남는 시대는 이미 저물었습니다. 한 사건을 놓고도 다양한 시선이 존재할 수 있죠. 누구나 기록을 남길 수 있는 시대이고, 또 이런 기록이 역사의 빈 곳을 메꾸는 훌륭한 자료가 될 수 있습니다. 일기를 쓰던 당시에는 이 일기가 역사성을 띤 기록물이 될 것이라고 생각지 않으셨을 겁니다. 어쨌거나 송사에 휘말린 일과 박정희 선생님과의 인연이 제가 제대로 일기를 쓰게 된 결정적인 계기였습니다.

대부분 사람들은 해가 바뀔 때 다이어리를 구입하고 일기를 써 볼까 생각합니다. 하지만 쓰지 못하는 날이 며칠 생기면 포기하게 마련이죠. 끈기가 부족해서

라기보다 특별한 일이 없이 비슷한 일상이 반복되면 굳이 일기를 쓸 필요가 있을까, 일기의 필요성을 의심하게 되는 거죠. 하지만 비슷한 일상인 듯해도 어제와 오늘은 분명 다릅니다. 미미하나마 변화하고 성장하지요. 물론 내 힘으로 어쩌지 못하는 불행을 마주하거나, 잘못된 선택으로 현재 누리고 있는 걸 포기해야 할 때도 있습니다.

○○일보 ○ 과장 전화를 받고 만났다. ○ 군과 셋이서 점심을 먹은 후 내 진로에 대한 의견을 나눴다. 희망적이긴 하나 회사 인맥 덕에 취업을 하더라도 힘들 전망이다. 무엇을 할 것인가를 생각하다 또 하루를 보낸다. 무슨 의미인가 죽음 앞으로 가까이 다가서고 있다는 느낌이 조급한 마음을 만들고 있다. 반성하면서 또 반성하고 있지만…….

아버지가 돌아가시고 유품을 정리하다 2001년 12월 어느 날 남기신 일기를 읽게 되었습니다. IMF 외환위기(1997년) 때 회사를 나와야 했던 아버지의 절망이 일기 속에 고스란히 남아 있었습니다. 언젠가는 다시 직장으로 돌아갈 수 있으리란 생각으로 옛 직장 동료를 만났으나 복직이 어렵다는 이야기를 듣고 희망을 버렸다는 내용이었습니다. 무기력할 수밖에 없었던 아버지의 상황을 세월이 지나서야 알게 됐지요. 당시에는 막연하게 우리 가족이 힘든 상황에 처했구나 생각했지만 아버지의 상실감과 좌절이 얼마나 컸는지는 돌아가신 후에 이 일기를 보고서야 알 수 있었습니다. 그 시절에 닥친 불행은 개인의 힘으로 극복할 수 있는 일이 아니었습니다. 아무리 발버둥 쳐도 어쩔 수 없는 경우가 있습니다. 이런 일을 겪을 때일수록 더 자세하게 기록으로 남길 필요가 있다고 믿습니다. 삶이 큰 굴곡을 지날 때 일기를 쓰고 기록을 남긴다는 건 참으로 괴롭지만, 훗날 자신의 행동과 판단을 반추할 수 있는 훌륭한 근거가 됩니다. 우리의 기억력은 한정되어 있고 지금은 또렷해도 세월이 지나며 희미해지고 왜곡되기 마련입니다. 단 몇 줄의 일기가 그날 일을 선명히 떠오르게 하는 불쏘시개가 되기도 합니다. 아버지의 일기를 읽은 날 제가 쓴 일기입니다.

2007년 11월 3일

일주일 휴가를 냈다. 한 달 전에 이때 휴가 가기로 미리 계획을 잡았었는데, 아버지 유품을 정리하고, 남겨 주신 일들을 수습하기 위한 휴가가 될 줄은 생각지도 못했다. 세상은 나의 의지와는 상관없이 돌아가고, 불행은 피하려고 해도 항상 겹쳐서 오기 마련이다. 그럴수록 조심하고 또 조심해야 한다. 운명론자는 아니지만 '머피의 법칙'은 믿는다. (……) 동생과 마주 앉아 아버지 돌아가신 후 처리해야 할 일들의 목록을 작성했다. 그런데 그게 적어 놓고 보니 아버지의 이름을 지우는 일이었다. 사망신고를 하고, 통장을 해지하고, 차를 이전하고, 보험을 해약하고, 온갖 고지서의 수신인을 어머니로 바꾸고 아버지 친구분들에게 연락하고…… 그 일을 하나씩 처리할 때마다 내 몸에 박힌 아버지의 기억들을 빼내는 것 같아 괴롭다.

일기가 영원히 개인의 기록으로 남을 수도 있지만, 박정희 선생님의 '육아일기'처럼 대중에게 공개되거나 저처럼 글쓰기의 1차 저장고 역할을 할 때도 있습니다. 책방지기가 된 이후 펴낸 책의 원천은 모두 일기에서 나왔다 해도 과언이 아닙니다. 『소소책방 책방일지』(소소문고, 2015)나 『오토바이로, 일본 책방』(유유, 2017)이 그렇게 나온 책입니다. 사실 '책방일지'는 책방에서 일어난 일과 책에 대해 기록한 업무 일지였습니다. 책방을 시작했을 때만 해도 꽤나 의욕이 넘쳐 거의 매일 기록을 남겼습니다. 그때처럼 7년간 꾸준히 책방일지를 썼으면 좋았겠다는 아쉬움이 있습니다. 여러 사정으로 기록하길 게을리했으니까요. 『오토바이로, 일본 책방』은 여행을 하며 꼼꼼히 쓴 일기를 씨앗글로 삼았습니다. 여행을 다녀온 지 1년을 훌쩍 넘긴 후 원고를 쓰는 일이 쉽지 않았지만 일기가 있어 복기할 수 있었습니다. 여러모로 일기 덕을 봤습니다.

글을 쓰고 싶은 분들은 일기부터 써 보면 어떨까요. 글쓰기도 근육이 필요합니다. 재능이 있어 처음부터 훌륭한 글을 쓰는 사람도 있겠지만 훈련 없이는 잘 쓰기 힘듭니다. 평소에 운동을 하지 않은 사람이라면 처음에는 철봉에 매달려 용을 써도 턱걸이 한 번 하기 힘든 것과 마찬가지입니다. 평소 꾸준히 쓰는 연습이 필요합니다. 짧게라도 매일 꾸준히 쓰는 일기가 가장 효율적인 글쓰기 연습이라 생각합니다. 글쓰기에 대한 조언과 방법들이 수없이 많지만 글쓰기를 시작하지 않은 사람들에겐 소용이 없습니다. 일기는 글쓰기를 위한 출발점인 셈이죠.

이제부터 일기 쓰는 법에 대해 알아보겠습니다. 일기를 쓰는 데도 방법이 필요한가? 반문할 수도 있겠네요. 하지만 이번 기회에 좀 더 깊이 일기에 대해 그리고 일기를 썼던 인물들에 대해 알아보는 것도 나쁘지 않을 겁니다. 어떤 것이든 깊이 알수록 더 많은 재미를 찾을 수 있으니까요.

2
{ 일기란? }

일기의 정의와 일기 쓰기에 꼭 필요한 것

국립국어원 표준국어대사전에서 '일기'日記를 찾아보니 "날마다 그날그날 겪은 일이나 생각, 느낌 따위를 적는 개인의 기록"이라 풀이합니다. 풀이가 너무 짧은 듯해 책방에 있는 『브리태니커 백과사전』을 펼쳐 보았습니다. 설명이 훨씬 상세합니다.

일기日記(diary): 자서전적 글의 한 형태. 일기 쓰는 사람이 자신의 활동과 생각을 규칙적으로 기록하는 것을 말한다. 일기는 주로 자신만을 위해 쓰게 되므로 발표하기 위해 쓰는 글과는 달리 솔직하다는 특성을 갖고 있다. 일기가 오래전부터 있었다는 것은 라틴어에 이미

'dies'(날)라는 낱말에서 유래한 'diarium'이라는 용어
가 존재한다는 사실로도 알 수 있다.

일기는 문자가 생겨나기 이전부터 존재하지 않았
을까요? 기록을 남기고픈 욕망을 가진 인류는 사냥을
하고 돌아와서 잡아 온 동물을 동굴 벽에 '일기처럼' 그
렸을 겁니다. 기록하는 인간, 호모 아키비스트가 어쩌
면 인류 진화에 가장 기여했는지도 모르겠습니다. 일기
의 사전 풀이는 이처럼 짧지만, 일기 형식을 빌려서 쓸
수 있는 글은 경계가 없습니다. 어떤 글이든 '일기장'에
풀어낼 수 있으니까요. 어떤 글이든 일기장에 쓸 수 있
다고 해도 형식과 내용을 갖추면 더 나은 개인 기록을
가질 수 있겠죠.
　일기는 무엇이며 어떻게 써야 할지 명료하게 일러
주는 책으로 이태준 선생의 『문장강화』를 꼽겠습니다.
『문장강화』(창비, 2005)의 「제4강 각종 문장의 요령」
에서 첫 번째로 일기에 대해 이야기합니다. 여기서 이
태준 선생은 일기란 그날 하루의 중요한 견문, 처리 사
항, 감상, 사색 등의 사생활기私生活記라고 했죠. 그리고
"누구나 아까운, 의의 있는 생활을 기록하는 것이 일기
이다. 보고 들은 것 가운데, 또 생각하고 행동한 것 가운

데 중요한 것을 적어 두는 것은, 그것은 형태가 없는 것이나 모조리 촬영한 생활 전부의 앨범"이라며, 인생의 희로애락과 같은 형태 없는 것까지 사진처럼 남겨 둘 수 있는 것이 일기라고 강조했습니다. 일기에 생명력을 불어넣을 수 있는 몇 가지 필수 요소들에 대해서도 언급하고 있습니다. 날씨, 사건, 감상, 서정, 관찰, 사교입니다. 그리고 일기를 쓰면서 가장 놓치지 말아야 할 것은 바로 '자기'라고 말합니다.

> 무슨 사건이든 비판의식이 없이 기록하기만 하는 것은 신문 기사처럼 '자기'라는 것은 없는 보도문일 따름이다. 일기에는 '자기'가 없으면 아무 의의도 없다.[1]

'자기'가 없으면 아무 의의도 없다는 문장의 핵심은 '솔직함'입니다. 찰스 부카우스키●가 말년에 남긴 일기가 '솔직함'의 예가 될 수도 있겠군요.

> 꽃이 피어나는 것이 애도할 일이 아니듯, 죽음도 애도할 일이 아니다. 끔찍한 건 죽음이 아니라 인간들이 죽기까지 살아가는 삶, 또는 살아 보지 못하는 삶이다. 인간들은 제 삶을 소중히 여기지 않고, 제 삶에 오줌을 싸

● 책에 따라 부카우스키, 부코스키로 달리 표기된다. 이 글에서는 출판된 책에 따라 부카우스키 또는 부코스키로 표기했다.

댄다. 제 삶을 똥 싸 갈기듯 허비한다. 멍청한 씨댕이들.2)

그가 1991년 9월 12일에 남긴 일기입니다. 부카우스키는 1994년 세상을 떠났고 이 일기를 쓸 무렵 백혈병을 앓고 있었습니다. 인생의 밑바닥에서 산전수전 다 겪은 후 죽음을 앞두고 쓴 그의 일기는 더운 여름날 들이키는 맥주처럼 시원한 맛이 있습니다. 찰스 부카우스키는 일기뿐만 아니라 작품에서도 거침없는 솔직함으로 독자들을 매료합니다. 늦은 나이에 작가로 데뷔해 세상을 떠날 때까지 쉬지 않고 작품을 발표했던 그에게 일기는 꼭 완성할 필요가 없는 글쓰기였을 겁니다. 그의 묘비에 적힌 글귀 "Don't try"대로 애쓰지 않고 솔직하게 써 내려간 인생의 고백록이 아니었을까요. 일기를 쓰며 작품을 집필할 힘을 얻었는지도 모르겠습니다. 그의 다른 일기(1991년 9월 26일)입니다. 삶이 무료하다면 일기를 써 보기를 권하고 싶군요.

글쓰기 때문에 우린 자는 사이에 원기를 되찾을 거고, 글쓰기 덕분에 우린 호랑이처럼 늠름하게 활보하게 될 것이며, 그 덕분에 우린 눈에 불꽃이 튀고 또 죽음을 똑

바로 대면하게 될 거다. 우린 투사로서 죽음을 맞이하고 지옥에서 경배받을 거다. 말의 운수, 그거에 맡기고, 써 갈겨 버려라! 어둠 속의 어릿광대가 되라. 글쓰기, 그거 재밌다. 재밌고말고.[3]

한때 그의 작품과 글쓰기에 매료된 적이 있습니다. (지금도 여전히 그의 열렬한 팬입니다.) 작가가 되기 전까지 글쓰기와는 먼 삶을 살았지만 글쓰기를 멈추지 않은 끈기와 끝까지 솔직함을 견지한 태도가 멋지더군요. 모든 작품을 읽은 전작주의자는 아니지만 그의 작품에 몰입했던 시절 썼던 일기(2018년 2월 28일)입니다.

쓴다는 건 때론 괴롭기도, 때론 즐겁기도 하지만 매문賣文이 아니라면 즐거움이 더 큰 듯하다. 영혼이 탈탈 털릴 정도로 괴로움을 맛보는 때는 주로 돈벌이에 매인 글쓰기(혹은 읽기)인 경우가 많다. 쓸 수 없는 문장을 생각해 내느라 뜬눈으로 밤을 새우기도 하니까.
이 일만 끝낸다면 더는 같은 실수를 반복하지 않겠노라고 다짐하지만 꼭 귀신같이 주머니가 가벼울 때 (고통을 필수로 동반하는) 일이 들어온다. 그래도 일이 없는 것보단 다행이랄까. 결국 '돈=고통'이라는 공식이 자연스레 만들어지고, 고통에 순응해야만 돈을 벌 수 있다는 불변의 진리를 깨닫는다.

일거리가 없어도 소소한 잡문이라도 끊임없이 끄적거릴 수밖에 없는 것은 '고통도 마감도 없는 글쓰기의 즐거움'을 누릴 수 있기 때문이기도 하지만, 그렇게라도 무엇이든 써야만 다음 고통을 맛볼 기회(?)를 준비할 수 있기 때문입니다. 이래도 저래도 그게 무엇이든 쓰는 수밖에요. 노년의 찰스 부카우스키가 오랜 세월 자신의 글을 살펴 주었던 편집자 존 마틴에게 보낸 편지 글은 항상 위안을 줍니다.

나는 글쓰기를 그만두는 작가를 이해할 수 없네. 그건 심장을 파내어 변기에 넣고 똥과 함께 내려 버리는 거나 똑같지. 나는 망할 마지막 숨이 넘어갈 때까지, 누가 그 글을 좋다고 생각하든 아니든 글을 쓸걸. 시작으로서의 끝. 나는 이렇게 될 운명이었지. 그렇게 단순하고 심오한 일이야. 자, 그럼 이에 대한 글은 그만 써야겠군. 그래야 다른 것에 대해 쓸 수 있을 테니.[4]

찰스 부카우스키와는 결이 다른 일기도 있습니다.

하지만 솔직함은 다르지 않군요. 페르난두 페소아의 일기입니다. 그는 생전 많은 글을 남겼지만 정작 책으로 묶인 것은 네 권의 시집뿐이었고 이 글이 실린 『불안의 책』도 그가 세상을 떠난 이후 출간되었습니다. 날짜가 적혀 있지 않은 일기 481편에서 그는 자신의 일상과 감정들을 꾸미지 않고 썼습니다. 이 글은 476번째입니다.

내가 쓴 이 일기는 많은 사람들이 보기에 지나치게 작위적일지도 모른다. 하지만 내 본질 자체가 작위적이다. 그리고 내 영혼의 기록을 꼼꼼히 적는 일 외에 무엇으로 소일거리를 삼을 수 있단 말인가? 그것들을 어떻게 기록하느냐에 신경을 많이 쓰지는 못했다. 사실은 조심성 없고 두서없이 정리한 것이다. 내 글의 정제된 언어들은 그냥 자연스럽게 떠오른 것이다.[5]

'20세기 가장 아름다운 일기'라 평가 받는 『불안의 책』은 페소아가 20년 동안 썼던 일기를 편집해 그가 세상을 떠난 지 48년 후인 1982년 포르투갈에서 처음 출판되었습니다. 그는 작품에 자기 이름 대신 많은 이명異名을 사용했고, 일기를 쓰는 또 다른 자아에는 '베르나르두 소아레스'라는 이름을 붙였습니다. 페소아는 정체를 숨기기 위해서가 아니라 다른 정체성을 표현하기 위한 도구로 이명을 사용했습니다. 페소아는 생을 마감할 때까지 무역 회사의 편지를 번역하는 일을 생업으로 삼았습니다. 항상 글을 쓰지만 그것은 다른 이의 글을 영어나 포르투갈어로 옮기는 작업이지 자기 글은 아니었죠. 먹고살기 위해 남의 글을 옮기는 일이 끝나, 베르나르두 소아레스로 '변신'해 일기를 쓰는 시간은 소중했을 겁니다. 자신을 되찾는 시간이었을 테니까요. 글을 쓰지 않는 동안엔 "나는 존재하지 않았고, 나는 타인이었으며, 나는 생각 없이 살았다"고 고백하는 페소아의 괴로움을 공감할 수밖에 없습니다. 먹고사는 문제 때문에 자신의 글을 쓰지 못하는 괴로움은 일기를 쓰는 짧은 시간이나마 가라앉지 않았을까요. 다시 페소아의 일기입니다.

인간 영혼의 한평생은 고작 그림자 속 움직임에 불과하다. 우리는 의식의 여명 속에 살면서 우리가 누구인지, 혹은 누구라고 생각하는지 확실히 알지 못한다. 저마다 허영을 품고 살며, 실수를 하는데 그 실수가 얼마나 심각한지 알지 못한다. 우리는 공연의 막간에 잠깐 진행되는 그 무엇이며, 가끔 어떤 문을 통해 기껏해야

무대배경에 불과한 것을 훔쳐본다. 세상은 밤에 들려오는 목소리처럼 혼란스럽다. 글을 쓰는 동안에만 지속되는 명료한 정신으로 기록한 이 글들을 다시 읽어보며 나 스스로에게 묻는다. 이 글은 대체 무엇이고 무엇을 위한 것인가? 감정을 느낄 때 나는 누구인가? 내가 나일 때 내 안에서 죽는 것은 무엇인가?[6]

"내 영혼의 기록을 꼼꼼히 적는 일"에 거짓이나 위선이 필요하지 않겠지요. 페소아의 글로 풀어 본다면 '일기는 내 영혼의 기록을 꼼꼼히 적는 소일거리'가 아닐까요. 그는 담담하게 썼지만 이 글을 보고 앞에서 찾아본 사전적 풀이보다 더 적확하다고 생각했습니다. 일기를 쓰며 현재의 나를 꼼꼼하게 기록하다 보면 분명 어느 순간 영혼을 들여다볼 수 있는 힘이 생길 것입니다. 저는 그저 겪은 일을 기록하는 데 충실할 뿐입니다만 어렴풋이 페소아가 말한 '영혼의 기록'이 무엇인지 알 것도 같습니다. 계속 일기를 쓰다 보면 벽이 허물어지겠지요. 결국 일기를 쓰기 위해 마지막까지 필요한 것은 '솔직함'과 '끈기'인 듯합니다.

3
일기의 구성

어떻게 기록할 것인가

일기를 쓰려는 이들 대부분(이 책을 읽는 독자님도 그럴 가능성이 클 듯합니다만) 연말연시에 새 일기장을 장만하고 꾸준히 일기를 쓰겠다고 결심합니다. 하지만 결심이 성공하는 경우는 드뭅니다. 제 주변을 둘러보니 그렇더군요. 매년 일기를 써 보려 마음먹지만 몇 주 지나지 않아 시들해지고 다짐은 물거품이 됩니다. 일주일쯤 열심히 쓰다 두 번째 주엔 건너뛰는 날이 생기고 세 번째 주가 되면 일기장을 어디 뒀는지조차 잊어버리는 경우가 많죠. 아마 집에 처음 몇 장 쓰다 만 일기장이 한두 권은 있을 겁니다. 완전히 몸에 밸 때까진 인내가 필요합니다. 사람마다 다르지만 저는 한 달이 고비라 생

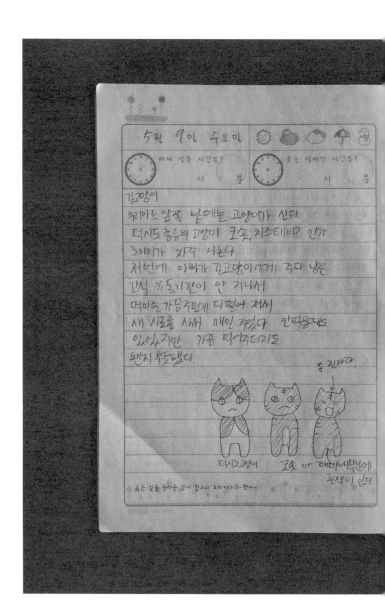

5월 9일 수요일

어제 잠든 시간은?
시 분

오늘 일어난 시간은?
시 분

길고양이

우리아파트 앞쪽 밭에는 고양이가 산다.
턱시도 종류의 고양이 코숏 치즈태비? 인가
3마리가 자주 나온다
저번에 아빠가 길고양이에게 주다 남은
간식 유통기한이 안 지나서
먹이를 가끔 주던게 다 떨어 져서
새 사료를 사서 매일 줬다 안먹을때도
있었지만 가끔 먹어주더라도
왠지 뿌듯했다.

좀 진하다.

턱시도고양이   코숏 or 태비/네부분에
                   흰색이 있다

좋은 길을 원하는 것이 친구의 도리이다. -맹자-

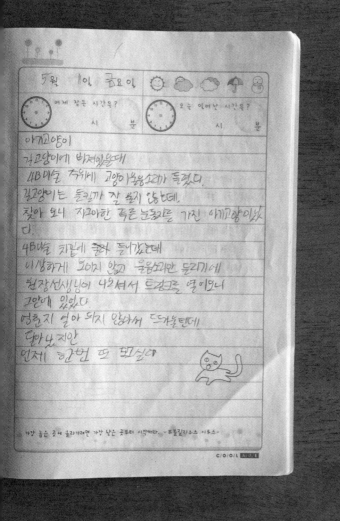

큰딸 해목이 초등학교 4학년 때 썼던 일기.

각합니다. 한 달 동안 꼬박꼬박 일기장을 채운다면 일기의 맛을 충분히 느낄 것이고, 1년 쓰기는 아무것도 아닙니다.

처음 일기를 시작할 때는 무엇이든 꼼꼼히 기록하려는 욕심을 버리는 게 좋습니다. 짧게 메모하는 것만으로도 충분합니다. 일과를 마치고 잠자리에 들기 전 책상 앞에 앉아 다이어리를 펴고 하루를 정리하는 모습은 이상적이지요. 하지만 글쓰기가 몸에 설면 기억하고 싶은 일들을 메모하는 것만으로도 벅찰 수 있습니다. 여백을 채울 부담감 때문에 일기를 그만두기도 하니까요. 빈 페이지에 나의 일상을 기록해 넣는 게 일기의 매력이지만 초심자는 막막할 수 있습니다. 일기를 효율적으로 쓰기 위해서 약간의 훈련과 요령이 필요합니다. 가장 쉬운 것부터 알아보죠.

1 간단하게 짧은 메모부터

몇 시에 누구를 만나고 무엇을 했는지 기록합니다. 보통 이런 식이겠죠.

2021년 ○월 ○일 13시, 홍길동, 소소책방, 『허균 평전』

구입

어떤 일이 일어난 시각과 누굴 만나 무엇을 했는지만 기록하면 되니 그리 어렵지 않습니다. 여기서부터 조금씩 자신만의 스타일을 만들어 가면 됩니다. 짧은 메모에 살을 붙이는 거죠. 기록하고 있다는 게 중요하니 형식을 고민하지 마세요. 짧은 한 줄이라도 다이어리든 수첩에든 써 두면 나중에 더 많은 정보를 추가할 수 있습니다.

2 육하원칙에 따라

이제부터가 중요합니다. 앞에 쓴 메모로 문장을 만들어 보겠습니다.

2021년 ○월 ○일 13시에 홍길동 씨를 소소책방에서 만났고 『허균 평전』을 구입했다.

단순히 메모를 문장으로 만들었을 뿐입니다. 정보의 차이는 없습니다. 오히려 메모가 문장보다 읽기 편할 수도 있겠군요. 여기서 끝나면 굳이 문장으로 고쳐 쓴 의미가 없겠죠. 육하원칙 ─ 누가, 언제, 어디서, 무엇을, 어떻게, 왜 ─ 을 염두에 두면 글쓰기가 수월해집니다. 기사나 논픽션에서는 육하원칙을 지키는 게 특히 중요합니다. 일기도 그날의 사실을 기록하는 것이니, 육하원칙에 맞춰 적으면 정보의 가치를 높일 수 있습니다.

20세기 초 일본에서 출발해 시베리아 횡단 열차를 타고 유럽까지 여행한 조지 린치는 일기를 바탕으로 여행기인 『제국의 통로』(글항아리, 2009)를 썼습니다. 1903년 당시 조선을 둘러싼 열강들의 상황과 여행지의 풍광을 상세하게 설명하고 있지만 정확한 날짜를 기록하지 않아 아쉬움을 더합니다. 일본 고베에서 시작해 부산, 서울, 여순, 북경, 하얼빈, 이르쿠츠크, 바이칼호, 톰스크, 크로스노야르스크, 모스크바로 이어지는 여행 경로를 꼼꼼하게 기록하면서 정작 날짜는 빼놓았습니다. 기록한 날짜까지 구체적으로 밝혔다면 더 가치 있는 기록이 되었을 텐데요. 무엇보다 육하원칙을 중요하게 여기는 언론인이었던 그가 왜 이런 실수를 저질렀는지는 알 수 없습니다. 단순히 자기 개인의 기록일 뿐이라 여겼을까요?

육하원칙을 바탕으로 앞 문장에 약간의 정보를 더

해 가상의 일기를 써 보겠습니다. 한 문장에 육하원칙을 모두 적용할 필요는 없습니다. 순서도 중요하지 않고요. 문장은 간결할수록 쓰기도 읽기도 편합니다. 남에게 보여 주지 않는 나만의 일기라도 말입니다.

2021년 ○월 ○일 13시.**[언제]** 홍길동 씨와 소소책방에서**[누구를/어디서]** 만났다. 13시쯤,**[언제]** 책방에 가기 전 근처 고향식당에서 국수를**[어디서/무엇을]** 먹었다. 홍길동 씨는 요즘 조선 시대 문장가였던 허균에 대해 관심이 많다고 했다. 그는 내게 『허균 평전』과 『허균, 최후의 19일』을 추천했다. 『허균 평전』은 허경진 교수가 쓴 전기이고, 『허균, 최후의 19일』은 소설가 김탁환 씨가 쓴 소설이었다. 전기를 읽어 먼저 인물과 시대에 대한 정보를 미리 알아 두고**[왜/무엇을]** 소설을 읽는 편이 나을 것 같아 『허균 평전』을 골랐다. 원래 정가는 1만 3000원이었으나 헌책방이어서 반값에 구입할 수**[어떻게/어디서]** 있었다.

짧은 메모에 육하원칙을 살려 필요하거나 새로운 정보를 넣어 문장을 만들고 문단으로 확장했습니다. 육하원칙을 잘 활용하면 무엇을 써야 하나, 갖춘 문장을 어떻게 만들어야 하나, 하는 부담감을 크게 줄일 수 있습니다. 일기에 무엇을 남길지는 각자 판단할 문제지만 그날 약속이 하나라도 있었다면 일기장을 채우기가 좀 더 쉬워지겠죠. 분량에 욕심이 난다면 상세한 묘사를 덧붙일 수도 있습니다. 날씨를 기록하고 책방과 식당 공간에 대한 설명을 넣을 수도 있겠죠. 홍길동 씨의 외모나 책에 대해 자세히 쓸 수도 있습니다.

3 감정과 생각을 담아

단순히 사실만 나열하면 건조할 수밖에 없습니다. 감정과 생각을 덧붙이면 훨씬 풍부한 서술이 될 수 있겠죠. 일기가 '성찰의 기록'이기 위해서는 자신의 감정과 생각을 솔직하게 써야 합니다. 육하원칙으로 문장을 갖추고, 그 문장 안에 감정과 생각을 정리할 수 있다면 일기는 훌륭한 에세이나 주장하는 글이 될 수 있습니다. 하지만 한 명의 독자를 위한 일기라도 감정과 생각을 글로 옮길 때는 정제할 필요가 있습니다. 격정을 그대로 표현할 수도 있겠지만, 대상을 두고 분노하거나 비판할 때는 조심해야 합니다. 그렇다고 일기를 쓰며 자기 검열을 해야 한다는 건 아닙니다. 단지 한 번 더 깊이 생각하고 글로 옮겨야 한다는 거죠. 일기에서조차 감정이나 생각을 숨길 필요가 있느냐 반문하는 분도 있을 듯합니다. 충분히 다른 의견이 있을 수 있습니다. 역사학자 김성칠 선생이 1946년 4월 22일 남긴 일기를 옮깁니다. 저는 이 글에 공감합니다.

나는 때로 내가 나의 가장 가까운 사람들과 다툰 일이 있을 때는 일기를 쓰지 않는다. 일정한 시간이 지나 마음의 흥분이 풀릴 때 생각해 보면 피차에 아이들 같은 고집이어서 지면에 재현할 만한 두드러진 사실도 아니어서 그만두게 된다. 이렇게 함이 일기의 진실성에 어긋나고 또 자기반성의 기회를 놓쳐 버리는 것이 되지 않을까 하고 생각하는 때도 있으나 흥분된 마음으로 사랑하는 사람의 이미지를 그리고 싶지 않으며 평상적이 아닌 내 마음으로 평상적이 아닌 저쪽의 자태를 그려서 앞으로 자손의 눈에라도 비칠까 두려워하는 바이며, 설사 내가 죽기 전에 내 일기를 불살라 버리는 현명과 여유가 있다 하더라도 그러한 기록을 통하여 내 사랑하는 사람의 왜곡된 이미지를 문자에 표현하는 과정을 통해서 내 머릿속에 고정화하고 또 그 표현을 시시로 읽음으로 해서 더욱 불순한 환영을 내 가슴 속에

날인함으로써 공연한 불신과 증오를 조장해서 피차의 생활을 불행에 이끄는 결과가 될 것을 저어하기 때문이다.[7]

반성만 늘어놓는 것도 멀리할 필요가 있습니다. 어떤 분은 항상 반성할 일만 생각나니 일기 쓸 재미가 없다고 이야기하더군요. 재미가 있어야 꾸준히 할 힘이 생기는데 무겁고 재미없는 일만 기록하다 보면 결국 제 풀에 지쳐 그만두는 경우가 많죠.

4 대화는 생생하게

대화는 일기에서 감초 같은 역할을 합니다. 다른 사람과 이야기를 나누다 무릎을 치게 만드는 말이나 생각지도 못한 말을 들을 때가 있습니다. 아이들과 이야기할 때도 마찬가지죠. 그럴 때마다 저는 대화를 '수집'합니다. 대화는 당시 상황을 구체적으로 떠올릴 수 있는 소재이기도 하고 감정이나 생각을 바로 풀어낼 수 있는 도구이기도 합니다. 아래 일기가 예가 될 수 있겠군요. 목은 큰딸입니다. 최대한 대화 그대로 적는 것이 좋습니다.

2014년 9월 24일

새벽까지 벼락치기 공부하는 목과 대화.

나: "벼락치기해 봐야 소용없다."
목: "벼락치기라도 해야지."
나: "벼락치기하면 피곤하잖아."
목: "하지 않아도 학교 다니느라 피곤하거든."
나: "아~ 그렇구나!"

공부 열심히 하라는 이야기는 하지 않는다. 열심히 하라고 이야기하는 순간 아이와 대화는 그대로 끝날 게 뻔하다. "평소에 해 두면 좋지"라고 에둘러 이야기하지만 마음대로 되지 않는 게 공부란 걸 (이미 경험했으니) 잘 안다. 중학교 들어오곤 딱 한 번 야단쳤고 다신 공부로 다그치거나 힘들게 만들지 않기로 마음먹었다. 공부하라는 이야기만 빼면 아이와의 대화는 대부분 즐겁고 유쾌하다.

5 그림과 사진을 활용해

꼭 글로 일기를 쓸 필요는 없습니다. 자신에게 편한 방법을 선택하면 되죠. 그림과 사진도 훌륭한 일기의 도구입니다. 확장한다면 영상을 찍거나 녹음해 일기를 남길 수도 있겠죠. (디지털 기록에 대해서는 다른 장에서 따로 다루겠습니다.) 그림일기의 매력은 『시노다 과장의 삼시세끼』(앨리스, 2017)를 읽고 깨닫게 되었습니다. 저자인 시노다 나오키 씨는 스물일곱 살이던 1990년 8월부터 지금까지 자신이 먹은 음식을 대학 노트에 그려 오고 있습니다. 이 책은 1990년부터 2013년까지 23년 동안 기록한 그림일기를 가려 뽑아 묶었습니다. 23년 동안 2만 5000개의 음식을 기록했다니 대단할밖에요. 이 책을 읽고 그림을 배우고 싶어져서, 소소한 일상을 담은 그림일기 『별것도 아닌데 예뻐서』(김영사, 2018)의 저자 박조건형 작가의 수업을 듣기도 했습니다. 당장은 만족스럽지 않더라도 자신만의 스타일로 꾸준히 작업하는 것이 중요하다 생각합니다.

사진을 찍는 건 아무래도 그림 그리는 일보다 좀 더 수월합니다. 어떤 것이 낫다고 단정할 수는 없지만 과거 장면에 대해 구체적인 정보를 남기기에는 사진이 유리하지요. 저는 일기의 보조 수단으로 혹은 당장 기록하기 힘들 때 자주 카메라를 꺼내 듭니다. 특히 여행할 때나 정확한 정보를 기억해야 할 때는 사진을 찍어 두었다가 나중에 사진을 보며 묘사하거나 글로 옮깁니다. 아무런 이미지가 없이 글을 쓰는 것보다 훨씬 편하다는 걸 실제로 해 보면 알 수 있습니다. 수전 손택의 말을 옮깁니다.

> 카메라로 만들어진 이미지는 말 그대로 렌즈 앞에 놓인 그 무엇인가의 흔적이었기 때문에, 사진은 사라져 간 과거와 떠나간 사람을 추억하게 해 주는 데 있어서 그 어떤 그림보다도 탁월했다.[8]

6 기타

일기를 꼭 일기장에 글로 써야 한다는 고정관념을 버리면 다양하고 재밌는 소재들로 일기를 남길 수 있습니다. 일기장을 '예술 작품'으로 만드는 이도 있죠. 영수증이나 티켓, 명함을 붙이거나 스크랩한 것을 이용하기도 하고요. 저는 약간의 수집벽이 있어 오랫동안 버스 영수증을 버리지 않고 모아 왔습니다. 이런 자료를 모아

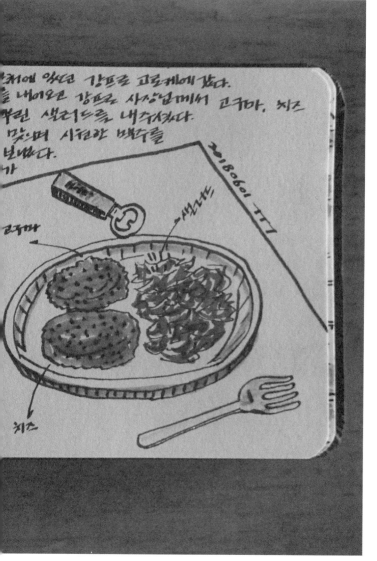

시노다 나오키 씨의 음식일기를 따라 그려 보았다.

두면 꼭 글로 옮기지 않아도 내가 어디를 다녀왔는지 알수 있습니다. 잡지나 신문 기사를 읽다가 기억해 둘 만한 내용이 나오면 필사할 수도 있겠지만 스크랩해서 붙이는 것이 더 편하겠지요.

새로 산 일기장을 무엇으로 채울까 고민하고 있다면 먼저 메모를 시작하고, 살을 붙일 내용을 찾으면 됩니다. 그렇다고 억지로 여백을 채울 필요는 없습니다. 쓰기 싫거나 정말 아무 일이 없을 때는 쉬는 것도 방법입니다. 언제든 또 일기장을 펼쳐 다시 쓰기 시작하면 되니까요.

4
{ 일기를 쓰기 위한 도구 }

아날로그와 디지털 일기장

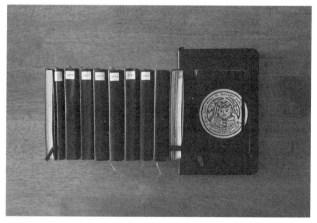

2009년부터 2018년까지 몰스킨 다이어리에 일기를 썼다.

소설 『설국』의 첫 문장은 아름답기로 유명합니다. "국경의 긴 터널을 빠져나오자, 눈의 고장이었다. 밤의 밑바닥이 하얘졌다." 저는 이 문장보다 주인공 시마무라가 고마코에게 반하는 장면에 나오는 '일기'에 대한 대화를 잊을 수 없더군요.

"도쿄에서 접대부로 나가기 직전부터. 그땐 돈이 넉넉지 않아 일기장을 살 수가 없었어요. 2전인가 3전짜리 잡기장에다 자를 대고 가늘게 줄을 그었는데, 연필을 뾰족하게 깎았던 모양으로, 선이 깨끗하고 가지런한 거예요. 그러곤 공책 맨 위에서 맨 아래까지 잔글씨로 빽빽이 썼죠. 마음대로 살 수 있게 되고부턴 도저히 엄두를 못 내요. 물건을 함부로 다루니까."[9]

무엇인가 쓴다는 것, 그중에서도 일기를 쓰는 마음을 그대로 담은 문장입니다. 가난하고 내세울 것 없는 형편이지만 싸구려 잡기장에라도 빼곡하게 일상을 써 내려가는 건 자신의 삶에 대한 간절함이 있어서겠죠. 비록 소설 속 이야기지만 꽤나 인상 깊었습니다.

연말이 되면 내년에 쓸 다이어리를 미리 고르는 즐거움이 있습니다. 대부분 사람들은 '일기를 쓴다'고 하면 하루 일과를 마칠 즈음 일기장을 펴고 펜을 들어 그날 일을 정리하는 모습을 상상합니다. 마음에 드는 일기장과 펜은 '행위를 지속'하는 데 아주 중요합니다. 내게 맞는 도구를 찾으면 그만큼 재미를 느낄 가능성이 크고 계속할 수 있는 원동력을 얻기 때문입니다. 노트와 펜에 관심이 많았어도 일기를 쓰기 전에는 그저 가지고 다니기 편하고 필기감 좋은 펜이면 족했습니다. 까탈 부리지 않고 회사에서 내주는 취재 수첩과 볼펜(파카 조터)을 애용했지요. 일기를 따로 적지 않고 취재 수첩에다 사소한 일까지 모두 기록했습니다. 아직도 보관하고 있는 2002년 5월 1일부터 7월 29일까지 썼던 취재 수첩에는 다양한 기록이 남아 있습니다. 그중에 거문도 등대에 대한 이야기가 있군요. 당시 취재하며 메모했던 내용입니다. 짧게 쓴 내용이지만 당시 누구를 만나 어떤 이야기를 들었는지 기억납니다.

"거문도 등대. 1905년 건설. 4명이 근무하다 현재 3명. 4동의 건물이 있고 현재 근무자 조상훈(29) 씨, 소장 김철(50) 씨, 조용문(작고) 씨 해방 이후 10년 넘게 근무. 나무 판잣집에서 생활. 2000년 전화선, 현재 고속 인터넷. 여수 관내 유인등대 4곳. 2년씩 순환근무. 백

도까지 28킬로미터, 1시간 30분."

거의 20년이 다 된 옛날 일입니다만. 이 수첩의 기록이 없다면 그때 일을 구체적으로 기억이나 할 수 있을까요. 사람의 기억력은 자물쇠로 잠근 서랍 같아서 열쇠가 있다면 아주 오래된 일도 어제 일처럼 끄집어낼 수 있습니다. 하지만 열쇠가 없다면 영원히 열지 못할 수도 있습니다. 기억을 다시 찾을 수 있게 만드는 열쇠가 일기입니다. 당시 거문도 등대지기였던 조상훈 씨에게 조부이신 조용문 선생이 해방 후 일본인이 버리고 간 거문도 등대를 10년 넘게 움막을 짓고 지켰다는 이야기를 들었습니다. 할아버지와 손자가 대를 이어 등대지기로 일한다는 게 흔하지 않은 일이죠. 메모를 꺼내 읽으니 다시 기억이 나는군요. 지금도 마찬가지지만 수첩(노트)이나 필기구를 챙기지 않으면 마음이 편치 않습니다. 회사에 다닐 때는 손에 닿는 곳에 여러 개의 수첩을 두고 사용했습니다. 기억력이 형편없는 터라 무엇이든 보고 들은 것은 써 두지 않으면 불안했습니다. 수첩을 어디에 두었는지 몰라 자주 잃어버렸죠. 이때만 해도 펜은 가리지 않았지만 파카 조터 볼펜을 주로 사용했습니다.

이태준 선생은 소설을 쓰기 위해 "잡기장이 책상에 하나 가방에나 포켓에 하나, 서너 개 된다. 전차에서나 길에서나 소설의 한 단어, 한 구절, 한 사건의 일부분이 될 만한 것이면 무엇이든 적어"10)두었죠. 선생은 소설을 위한 것이었지만 저는 둔한 기억력을 보완하기 위한 도구로 수첩과 펜을 곁에 두었습니다. 문제는 급하게 써서 제 글씨를 알아보지 못하는 경우가 종종 있었습니다. 무조건 메모하기보다 글씨를 단정하게 쓰고 체계적으로 기록해야 나중에 도움이 된다는 걸 일기와 필사를 통해 깨달았습니다. 앞에서 이야기했듯 메모만으로는 부족하다고 느낀 때가 2006년이었고 그때부터 따로 일기장에 하루 일을 '정서'正書하기 시작했습니다. 메모들을 모아 따로 일기장에 깨끗하게 옮겨 썼죠. 정리되지 않은 메모는 아무래도 효용가치가 떨어질 수밖에 없고, 매일 똑같은 분량으로 그날 일을 기록하면 좋을 것 같아 그에 맞는 다이어리를 찾은 게 바로 '몰스킨'이었습니다.

몰스킨에서 미도리 노트까지

2009년부터 몰스킨 다이어리를 썼습니다. 정확한 제품 명은 '몰스킨 데일리 다이어리 소프트 커버 포켓'이었습니다. 10년 넘게 몰스킨을 쓴 가장 큰 이유는 매년 디자인이 똑같았기 때문입니다. 오랜 세월 한결같은 모양으로 나온다는 건 큰 장점입니다. 같은 크기의 노트를 사용하면 크기가 제각각인 노트보다 보관하기도 좋고 다시 찾아보기도 편합니다. 크기가 다른 노트들을 사용하며 불편함을 느낀 이후 몰스킨의 편리함이 더 크게 와 닿았습니다. 몰스킨을 사용하기 전엔 욕심을 부려 국내 문구 회사에서 만든 표지가 가죽으로 된 비싼 다이어리를 구입한 적 있습니다. 그런데 어느 순간 사용하던 속지 노트를 더 이상 구입할 수 없었습니다. 속지 노트를 구하지 못한 경험을 하고 난 이후로는 많은 사람들이 사용하고 쉽게 단종되지 않을 제품을 찾을 수밖에 없더군요. 그래서 값이 비싸지만 고른 것이 몰스킨 다이어리였습니다. 브루스 채트윈의 『송라인』에는 더는 몰스킨 노트를 구하지 못할까, 평생 쓸 요량으로 100권을 주문하는 장면이 나옵니다.

오스트레일리아로 떠나기 몇 달 전. 문구점 주인이 내게 '진짜 몰스킨'을 구하기가 점점 어려워진다고 말했다. 공급처는 단 하나, 투르에 있는 작은 가족 경영 회사였다. 그들은 편지에 무척 느린 속도로 답장을 보냈다.

나는 주인 마담에게 말했다.

"100권을 주문하고 싶은데요. 100권이면 평생 갈 테니까요."

(……)

5시에 나는 약속대로 마담에게 갔다. 제조업자는 죽었다. 상속인들은 회사를 팔았다. 그녀는 안경을 벗고, 거의 죽음을 애도하듯 말했다.

"Le vrai moleskine n'est plus(진짜 몰스킨은 이제 없어요)."11)

몰스킨의 다양한 제품 중에서도 한 쪽씩 날짜가 적힌 '데일리 다이어리', 뒷주머니에도 들어가는 작은 '포켓' 사이즈, 어디든 욱여넣을 수 있는 '소프트 커버'는 딱 내가 원하는 스타일이었죠. 아주 만족해하며 10년 넘게 썼지만 두 가지 큰 단점이 있었습니다. 첫 번째는 가격입니다. 계속 값이 올라 나중에는 꽤 부담스러울 정도가 되었죠. 조그만 다이어리를 3만 원씩 주고 구입하는 건 낭비라는 생각이 들었습니다. 두 번째는 만년필로 쓸 경우 뒷면에 잉크가 비치는 치명적인 단점이 있었습니다. 일기를 쓸 때 주로 만년필을 사용하는 저로선 상당히 신경이 쓰였습니다. 잉크 비침이 없었다면 그만한 값을 주고 쓸 수도 있었을 겁니다. 더는 몰스킨 다이어리를 사용하지 않는 사이 잉크 비침 현상이 많이 개선되었다는 소식을 들었습니다. 만약 제가 사용하는 중에 이 문제가 개선되었다면 다른 노트로 바꾸지도 않았을 텐데요.

처음 일기를 쓸 때만 해도 주로 볼펜을 사용했는데 필사를 하며 자연스럽게 만년필에 관심이 생겼고 입문용 만년필로 많이 알려진 라미 사파리를 구입해 사용했습니다. 볼펜이나 수성펜 같은 필기구보다 만년필을 쥐면 필체가 자연스럽게 교정되는 느낌이 듭니다. 악필이 조금이나마 나아지는 느낌이 드는 것은 닙의 각도와 위치를 정확하게 유지해야 글씨를 쓸 수 있는 만년필의 불편함 때문일 겁니다. 글씨가 나아졌다고 느끼는 건 다른 필기구에 비해 또박또박 천천히 쓸 수밖에 없는 이유도 있겠죠. 물론 능숙해지면 빠른 필기도 가능합니다. 현재 여러 만년필이 있지만 여전히 라미 사파리를 가장 많이 씁니다. 몽블랑 스타워커 같은 선물받은 값비싼 만년필도 있지만 어쩐지 이런 만년필은 막 사용하긴 부담스럽습니다. 오래 손에 익은 라미 사파리와 플래티넘 프레피 만년필을 좋아하고 주로 사용합니다. 15년 넘게 사용 중인 라미 만년필은 고장 난 적도 없어서 닙을 교체하며 쓰고 있습니다. 잉크는 주로 파카 퀸크 블루블랙과 라미 블루 잉크를 충전해서 씁니다. 가격이 그리 비싸지 않고 가장 대중적인 잉크입니다.

몰스킨 다이어리를 쓰다 더는 구입하지 않고 온라인 서점에서 사은품으로 받은 다이어리를 1년 동안 사용한 후, '미도리 MD 문고' 노트를 거쳐, 지금은 노트를 직접 만들어 씁니다. 문구점에서 미색 복사용지(내지)와 크래프트지(표지)를 구입해 간단하게 스테이플러로 철해 예전에 필사용으로 사용하던 엔젤스토리 트래블러스 노트와 같은 크기(110×210mm)로 만들어 사용하고 있습니다. 유선 노트를 더 좋아하기에 연필로 편하게 줄을 그을 수 있는 유선자도 함께 제작했습니다. 형태를 디자인해서 레이저 조각기를 가진 친구에게 부탁했습니다. 직접 만들어 쓰고 있는 이 노트는 미도리 트래블러스 노트와도 크기가 같습니다. 국내 문구 회사에서 만든 엔젤스토리 노트는 단종된 지 오래지만 미도리

직접 만들고 디자인한 노트와 유선자.

노트는 여전히 인기가 있으니 아쉽습니다. 일본 문구 회사 미도리에서 만든 노트의 장점은 몰스킨과 다르게 뒷면에 잉크가 비치지 않는다는 겁니다. 하지만 몰스킨처럼 가격이 비싼 것이 흠이죠. 미도리 MD 노트의 경우 일본의 문고판형(A6, 148×105mm) 그대로 만들어서 뒷주머니에 넣을 수는 없지만 휴대성이 나쁘진 않습니다. 미도리 노트도 몰스킨처럼 똑같은 디자인에 다양한 크기의 제품이 나옵니다. 일기 아닌 글을 쓸 때는 국산 옥스포드 노트(A5, 210×148mm)를 씁니다. 아이디어나 초고를 노트에 미리 써 두는 편이죠. 종이 질도 좋고 가격도 저렴하지만 원하는 사이즈가 없어 아쉽습니다. 외출할 때도 일기장과 작업 노트를 둘 다 가지고 다닙니다. 한때는 일기장에 모든 것을 기록했지만 원고 작업을 하거나 관심 있는 주제에 대해 자료를 수집하고 필사까지 하기에는 무리였습니다. 일기는 일기장에 쓰고, 작업을 위한 기록은 따로 분리하는 편이 낫더군요.

디지털 일기장 '저니'와 구글 캘린더

하지만 약속을 잡거나 일기장을 펼 수 없을 때는 당연히 스마트폰 어플리케이션(이하 앱)을 사용합니다. 약속이나 해야 할 일은 구글 캘린더에 입력하지만 그날 일어난 일은 '저니'Journey라는 앱에 기록합니다. 다양한 메모나 일기 앱이 존재하지만 '저니'는 기능이 단순하고 디자인도 깔끔해서 유료로 사용 중입니다. 컴퓨터에서도 쓸 수 있습니다만 다른 기기에서 사용하려면 추가 비용을 결제해야 합니다.

디지털 일기장을 꼭 구입해서 쓸 필요는 없습니다. 기존에 페이스북이나 블로그를 가지고 있다면 거기에 일기를 써도 됩니다. SNS를 잘 활용하고 있다면 그걸로 충분합니다. 온라인에 공개든 비공개든 자신의 일상을 꾸준히 올리는 분들도 많고 이것 또한 일기나 마찬가지라 생각합니다. 그렇지만 디지털 기록은 언제 어떻게 될지 알 수 없는 단점이 있습니다. 아무리 큰 기업이 관리하고 있다 해도 아날로그 기록보다 신뢰할 수 없죠. 굉장히 열심히 운영했던 홈페이지와 블로그가 회사 사정으로 서비스가 종료되어 거기에 올렸던 모든 글과 사진들을 더는 검색할 수 없는 경험을 이미 여러 번 해 본 터라. 디지털 기록은 항상 최선이 아니라 차선이라 여깁니다. 오래전 사진가와 카메라에 대한 정보를 수집해서 나름 열심히 정리했던 홈페이지는 한 사진 잡지에서 선정한 100대 사이트에 들기도 했었는데[12] 지금은 그때 수집했던 자료조차 제대로 남아 있지 않습니다. 10년 넘게 썼던 블로그도 마찬가지였습니다. 서비스 종료 공지가 뜨고 나중에 백업 파일을 받을 때는 공허하더군요.

누구나 한두 개쯤 SNS와 일정관리 앱을 사용하고 있을 겁니다. 다른 사람들에게 나의 일상을 보여 주기 위해 사용하는 경우가 많지만 게시물의 공개 범위를 '나만 보기'로 한다면 충분히 일기장으로도 활용할 수 있습니다. 기존에 사용하던 페이스북이나 인스타그램, 블로그를 활용해도 좋습니다. 저는 꽤 오랜 시간 페이스북을 썼고, 굳이 주변 사람들에게 알리고 싶지 않은 내용이나 온라인 자료를 스크랩하거나 주소를 기억해 두고 싶을 때 공개 범위를 '나만 보기'로 해서 기록했습니다. 해시태그와 검색 기능을 이용하면 꽤 유용합니다. 그중 중요한 내용은 우선 온라인이나 앱에 저장했다가 일기장에 꼭 옮겨 둡니다. 저는 모두 네 가지의 디지털 기록 도구를 가진 셈입니다. 일정이나 약속은 구글 캘린더, 비공개 일기는 '저니', 소통과 온라인 자료 보관은 '페이스북'을 이용합니다. 원고 작업은 주로 '구글 문서'로 하는 편이죠. 비효율적으로 보이긴 하지만 아직 다른 대안을 찾지 못했습니다.

지금까지 경험으로 내린 결론은 어떤 도구를 사용하든 착실하게 꾸준히 기록하는 것이 최선이고, 디지털보다 아날로그가 효율은 떨어지지만 보관에 더 유리하다는 겁니다. 기능이 많고 저장 공간이 넉넉하다 해도 당장 손에 쥘 수 있는 물성을 가진 일기장을 완벽하게 대신할 수는 없죠. 아무리 기록을 남기더라도 제대로 분류되지 않고 검색할 수 없다면 디지털 기록은 무용지물입니다. 그래서 가능하면 일기장과 노트를 첫 번째로 두고 앱이나 SNS를 두 번째 기록 도구로 생각하는 편이 좋다고 생각합니다. 2019년 4월 19일 썼던 일기입니다. 일기장 커버를 주문했던 날이군요. 아날로그와 디지털 기록에 대한 저의 생각이 담겨 있습니다. 불편을 감수하더라도 펜과 노트에 기록하는 이유는 이 물건들을 신뢰하고 곁에 두고 사용하는 즐거움이 있기 때문입니다. 하지만 무엇이 좋다 강요할 순 없겠죠. 자신에게 맞는 도구를 찾아 제대로 활용할 수 있으면 충분합니다.

우리 동네 숨은 장인 희진 씨에게 부탁해 미도리 노트 가죽 커버를 만들었다. 아날로그와 디지털 기록 도구의 사용량을 나눈다면 50:50 정도라 생각한다. 일기와 아이디어, 원고 초록은 대부분 펜과 노트에다 쓰고 마지막 정리는 구글 문서로 하는 편이다. 스마트폰이나 컴퓨터로 작업해도 될 것을 굳이 펜과 노트를 사용하는 이유는 그만한 즐거움이 있기 때문이다. 키보드를 사용할 때는 허구의 공간에 글자를 흩뿌리는 기분이라면 노트를 펴고 펜을 들고 글자를 쓸 때는 영원히 휘발하지 않을 것 같달까. 세상에 영원한 것은 없겠지만 그 순간만큼은 그런 즐거움을 느낄 수 있기 때문에 펜과 노트를 사랑한다.

5
{ 일기를 쓰면 무엇이 달라지나 }

나를 찾는 즐거움, 자라는 글쓰기 힘

일기를 꼬박꼬박 쓴다고 인생이 달라지는 건 아니라고 미리 말해 두고 싶군요. 대신 일기를 쓰는 동안 '자신' 을 지킬 수는 있다고 생각합니다. 그것만으로도 일기를 쓸 이유가 충분하지 않을까요. 하루 내내 이런저런 일 이나 사람들과의 관계에 치이고 시달리다 보면 스스로 되돌아볼 시간도 없게 마련입니다. 자신도 모르게 세월 이 흐르고 더는 이런 생활을 견디기 힘들 때가 되면 '내 가 지금 뭐 하고 있지?'라고 질문하게 됩니다. 이 질문 에 정해진 답이 있는 건 아니죠. 하지만 잠시라도 생각 하고 답할 수 있는 시간이 필요합니다. 나를 돌아볼 시 간입니다.

영화 『남편이 우울증에 걸렸어요』를 보았습니다. 2011년 작품이지만 국내엔 개봉하지 않았고 올해(2021년) 넷플릭스에 올라왔더군요. 그저 그런 작품만 그리는 만화가인 아내 하루코(미야자키 아오이)를 항상 다독이며 회사 일도 열심인 남편 미키오(사카이 마사토)가 우울증에 걸려 병원을 찾아 상담하는 장면이 나옵니다. 의사는 미키오에게 우울증은 '마음의 감기'라며 일기를 써 보라 권합니다.

의사: 일기를 써 보면 어떨까요.

미키오: 일기요?

의사: 인지행동요법이죠. 자신의 문제를 인식하고 받아들이는 겁니다.

미키오: 우울증인 걸 받아들이라고요?

의사: 너무 잘 쓸 필요는 없어요. 그날의 증상이나 생각 아무거나 괜찮아요.

미키오는 일기를 쓰며 조금씩 우울증을 극복합니다. 주연을 맡은 사카이 마사토와 미야자키 아오이의 연기가 자연스럽더군요. 우리는 감정을 숨기고 살 수밖에 없습니다. 가끔 우울한 감정을 털어놓는 분들을 만날 때가 있습니다. 책방이란 공간은 어쩌면 다른 곳보다 편하게 자신의 속마음을 말할 수 있는 곳인지도 모르겠군요. 사람마다 감정의 폭과 깊이가 다르고 다른 사람들의 마음을 받아 줄 수 있는 그릇의 크기도 다르겠지요. 우리는 다른 사람과 어울려 살아가지만 상처를 입고 반대로 상처를 주기도 합니다. 물론 누군가에게 위안을 얻는 경우도 있습니다. 내가 다른 사람을 위로해 줄 수도 있습니다. 그러려면 자신이 가진 감정의 우물에 긍정도 적당하게 담아 두어야겠죠. 영화 속 의사의 충고처럼 일기를 쓰는 일은 자기가 가진 문제를 객관적으로 바라볼 수 있게 해 줍니다. 미키오처럼 상처를 받고 우울할 때도 도움이 되겠죠.

　일기는 자신의 내면을 드러내고 지킬 수 있는 가장 자유로운 글쓰기입니다. 일상과 사건을 관찰하며, 내일이면 잊힐 것을 기억하고, 만났던 이의 인상과 오르내렸던 감정들을 나만의 방식으로 매일 (또는 가끔) 기록하는 행위가 일기죠. 내일 지킬 약속과 어제 잘못한 일에 대한 반성을 남기기도 하고, 나와 상관없는 일에 참견해 다른 사람 눈치를 보지 않고 의견을 남길 수도 있습니다. 일기를 쓸수록 자신의 내면에 집중할 수 있게 되고 삶을 객관적이고 전체적으로 바라볼 수 있는 힘이 생깁니다. 가장 극적으로 체감할 수 있는 일기의 효과는 바로 글 쓰는 능력이 향상된다는 겁니다.

글을 쓰고 싶어 하는 마음은 많은 사람들이 품고 있는 자연스러운 욕구다. 그러나 보다 공적인 형식의 글쓰기들은 이런저런 사항들을 요구하면서, 그런 욕구를 억제하거나 심지어 완전히 짓밟아 놓기 일쑤다. 일기라는 사적인 공간에서는 매번 새로운 페이지를 넘길 때마다 진정한 의미의 가능성이 새롭게 열린다. 글 쓰는 사람과 지면 사이에 그토록 자주 가로놓이는 내면의 판단이나 비평은 잠재워진다. 일기 쓰기가 제공하는 스타일과 분위기의 표현의 가능성은 무궁무진하다.[13]

스테파니 도우릭의 『일기, 나를 찾아가는 첫걸음』에 나오는 글입니다. 일기가 글쓰기를 시작하는 데 얼마나 유용한 도구인지 설명합니다. 글을 쓰고 싶은 사람들은 책을 읽으면, 특히 '글쓰기 방법'을 다룬 책을 읽으면 도움이 될 거라 생각합니다. 하지만 '읽기만 하는 것'은 오히려 쓰기에 걸림돌이 될 수 있습니다. 장 그르니에는 "무언가 읽는다는 행위는 그 자체로 정신에 때가 끼게 하고 감각을 무디게 한다"며 "읽기는 쓰기를 방해한다"[14])고 단언했습니다. 장 그르니에의 주장을 그대로 받아들인다면, 이 책을 읽는 것도 일기 쓰기를 방해하는 일이 될 수도 있겠군요. 그럼에도 저는 그의 주장에 찬성하는 쪽에 서겠습니다. 이 책을 읽기보다 당장 노트를 펴고 오늘 일어난 일을 찬찬히 써 내려가는 편이 글쓰기 능력을 키우는 데 훨씬 도움이 됩니다. 만약 이미 글쓰기에 관한 책을 몇 권 읽었다면(이 책을 읽고 있는 독자라면 그럴 가능성이 크겠군요!) 그 지식을 활용할 수 있는 가장 효과적인 도구가 일기입니다. 글을 쓰고 싶은 욕구는 써야 채워집니다. 책을 읽고 방법을 배운 후에도 쓰지 않는다면 출발선에서 맴도는 일과 다르지 않죠. 일기는 자신만의 글을 쓰기 위한 도움닫기입니다. 일기를 쓰다 보면 자연스레 다른 글을 써 보고 싶은 마음도 생깁니다.

일기 쓰는 재미를 깨닫는다면, 그 재미를 잃지 않고 꾸준히 쓸 수 있다면 덤으로 글 쓰는 능력을 얻을 수 있습니다. "아는 것은 좋아하는 것만 못하고, 좋아하는 것은 즐기는 것만 못하다"[15])는 옛 성현의 문장이 여기에도 그대로 적용됩니다. 하지만 그 재미를 깨닫기까지 시간이 얼마나 걸릴지 알 수 없다는 게 문제죠. 분명한 건 그만두지 않고 꾸준히 하다 보면 어느 순간 매일 기록하는 즐거움을 깨닫는 때가 분명 옵니다. 일기를 즐겁게 쓰다 보면 어휘력이 늘고 감정을 표현하는 능력도 자랍니다. 베스트셀러 작가이자 글쓰기에 관한 다양한 책을 펴낸 유시민 작가는 일기 쓰면서 글 쓰는 능력을 키울 수 있다고 설명합니다. 어쩌면 일기는 누구나 쉽게 따라할 수 있는 결과가 확실한 글쓰기 능력 향상법이 아닐까요.

일기 쓰기로 글쓰기를 시작하는 사람이 많습니다. 일기는 특별한 훈련을 하지 않아도 자기의 생각과 감정을 있는 그대로 표현할 수 있는 장르여서 그런 것이지요. 일기는 정직하게, 꾸밈없이, 실감 나게, 자기 자신의 언어로 자연스럽게 쓰는 것이 정석입니다. 그렇게 쓰다 보면 시간이 흐르면서 같은 사람이 쓴 일기가 완연히 달라집니다. 세상을 보는 눈이 넓어지고, 다양한 경험이 쌓이고, 어휘와 지식이 늘고, 감정이 깊고 풍부해지며 일기의 주제, 표현 방식, 문장 스타일 등 모든 것이 달라지기 때문입니다.[16]

저는 글쓰기의 씨앗이 일기 속에 있다고 믿습니다.

문장의 좋고 나쁨을 가릴 수 있는 깜냥은 없지만 일기를 쓰며 문장을 더 가다듬고 발전시켜 온 건 부정할 수 없습니다. 그동안 몇 권의 졸저를 낼 수 있었던 것도 일기를 써 온 덕분이라 생각합니다. 이 책도 그렇고요. 제가 썼던 두 일기를 비교해 보겠습니다. 비슷한 주제로 쓴 것을 일부러 찾았습니다. 2011년 일기는 작은 사진전을 준비하며, 2019년 일기는 사진가 로버트 프랭크의 부고 소식을 듣고 남긴 것입니다.

2011년 1월 2일

10평 남짓 작은 커피 가게에서 10장의 사진을 걸고 첫 개인 사진전을 열었을 때의 기쁨이란. 사진전을 준비하며 겪는 마음속 소용돌이. 예를 들면 부끄러움, 질책, 걱정 등등. 사진전을 해 본 사람이 경험할 수 있는 공부.

2019년 9월 11일

2018년 루모스 갤러리(대구)에서 로버트 프랭크 회고전을 보기 전까지 그가 살아 있는 인물이라고 생각지 못했다. 이미 전설이었고, 그 전설은 생전의 것이라 생각했다. 그런데 그는 여전히 카메라와 함께였고 현역이었다. 1958년 로버트 델피르에 의해 프랑스에서 출간된(정작 미국 출판사들은 그의 사진을 외면했다.) 『미국인들』은 사진이라는 새로운 매체가 발명된 이후 가장 중요한 사진책으로 꼽힌다. 그의 모든 사진집을 모으고자 했던 열혈 팬으로 삼가 고인의 명복을. 사진 역사의 한 장이 닫히는 느낌이다.

일기는 공개하기 위해 쓰는 글이 아니라 필자와 독자가 동일한, 오직 나만을 위한 글이기 때문에 형식에 구애받지 않고 솔직하고 담백하게 자신의 삶을 옮기는 것이 가장 좋습니다. "삶은 글쓰기의 바탕이고 글쓰기는 삶의 바탕"이라는 데릭 젠슨의 글을 읽으며, '일기'를 염두에 두고 쓴 글이라는 생각이 들었습니다.

정열, 사랑, 미움, 두려움, 희망. 가장 좋은 글쓰기는 이런 원천들에서 솟아 나와요. 삶 자체가 이런 원천들에서 나오죠. 그리고 삶이 없다면 글쓰기가 뭡니까? 글쓰기와 삶. 삶과 글쓰기. 삶은 글쓰기의 바탕이고 글쓰기는 삶의 바탕이에요.[17]

2018년 대구예술발전소에서 글쓰기 강의를 한 적이 있습니다. 그때 강의를 준비하며 남긴 일기(9월 14

일)가 이 글의 결론이 될 수 있겠군요.

글쓰기를 하려면 무엇보다 읽기가 바탕이 되어야 한다. 읽지 않고 쓸 수 있는 능력을 기를 수 있다면 좋겠지만, 타고난 재능이 없다면 불가능한 일이다. 독서를 글쓰기의 디딤돌로 삼았다면 그다음 단계는 '필사와 일기'라 생각한다. 좋은 글을 필사하고 일기를 꾸준히 쓰는 것이야말로 가장 좋은 글쓰기 훈련이다. 받아쓰기와

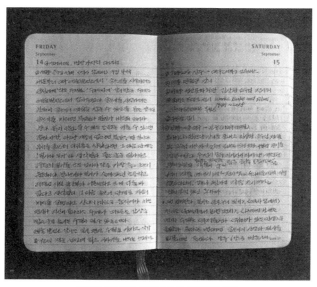

2018년 9월 14일, 강의하기 전 글쓰기에 대한
짧은 생각을 일기에 썼다.

{ 5 } 일기를 쓰면 무엇이 달라지나
－나를 찾는 즐거움, 자라는 글쓰기 힘

일기가 숙제였던 초등학교 저학년 시절 글공부가 어른이라고 크게 다를 바 없다고 생각한다. 그다음 글쓰기 단계로 자신의 처지를 설명하고 상대의 마음을 움직여야 하는 편지와 자신이 좋아하는 주제나 떠오르는 감상을 짧은 글로 옮기는 수필이 될 수 있을 테다.

많은 작가들이 일기를 쓰며 그들의 문장을 가다듬었고 아이디어를 떠올렸으며, 작품의 일부가 될 장면을 미리 묘사해 두기도 했습니다. 작가가 아니라도 글쓰기는 나를 표현하는 강력한 도구가 됩니다. 잠시 시간이 날 때 노트를 펴고 오늘 날짜를 쓰고, 날씨는 어떤지, 어디에 있는지, 누굴 만나고, 무얼 먹었는지, 기분이 어땠는지만 써도 됩니다. 그렇게 매일 조금씩 문장에 살을 붙이고 생각과 감정을 상세하게 옮기면 됩니다.

6
{ 그날의 일기 }

잊을 수 없는 날의 기록

일기를 쓰는 중요한 이유는 과거를 기억하기 위해서죠. 일기를 쓰지 않아도 기억할 수 있지만, 일기를 썼기 때문에 더 생생하게 과거를 소환할 수 있습니다. 일기로 소환된 기억에는 행복과 슬픔이 뒤섞여 있죠. 일기는 현재의 나를 기록하는 것이지만 과거의 삶을 반추하기 위한 도구이기도 합니다. 옛 일기를 들추면 그때 내가 무슨 일을 했고 어떤 생각을 품었는지 또렷하게 기억납니다.

일기를 쓰면 그렇지 않을 때보다 훨씬 많은 '과거'를 가질 수 있습니다. 그건 값을 매길 수 없는 자산입니다. 책을 덮고 잠시 기억을 떠올려 보세요. 삶의 중요한 순간들이 어떻게 지나갔는지 다시 글로 옮길 수 있는지요. 중요하지 않아도 소소한 행복을 안겨 주었던 날이 어땠는지 기억나는지요. 하루만 지나도 우리의 기억은 선명하지 않고 세월이 지날수록 옅어집니다. 하지만 일기장을 펼치면 방금 있었던 일인 것처럼 다시 떠올릴 수 있습니다. 일기는 어쩌면 타임머신과도 같은 존재입니다. 제 일기장에 적힌 영원히 기억하고 싶은 날들의 기록을 들춰 보겠습니다.

2015년 2월 28일

"아빠가 아빠라서 다행이라고 생각해." 각의 칭찬(?)이었다. 인생을 통틀어 지금까지 들었던 칭찬 가운데 톱10에 들어갈 만하다. 아이들에게 이런 이야기를 듣기는 하늘의 별 따기와 마찬가지. 그런데, 칭찬의 내용은 대략 이런 것이었다. 친구의 아빠가 (게임을 너무 많이 하는 친구의 오빠 때문에) 화가 나서 '스마트폰을 박살' 냈는데 아빠는 그렇지 않아서 '다행'이라는. 각의 이야기를 듣고, 아빠는 '스마트폰을 박살 낸' 친구의 아빠를 이해한다고 했다. 그리고 아빠가 화를 내기보다 스스로 '게임을 적당히' 했으면 좋겠다, 덧붙였다.

아이가 스스로 잘하길 바라는 것은 모든 부모가 가진 마음일 텐데 그렇지 않은 경우 마음을 다스리기가 쉽지 않다. 그 길이 길이 아닌 것을 이미 겪어서 알고 있고, 아이가 그 길을 가려고 할 때는 더욱 그렇다. 부모라도 자신이 이미 경험했다고 아이에게 '부모가 판단한' 옳은 길을 항상 강제할 수는 없는 법이다. (부모가 항상 옳은 선택을 하는 것도 아니다.) 세상이 호락호락하지 않고, 가끔 잘못된 길로 들어서고 멈추었다 멀리 돌아가야 할 수도 있다는 사실을 스스로 깨우치길 기다려야 할 때도 있다. 그리고 어떻게든 아이를 도와주고 싶어도 어쩌지 못하는 경우도 있다. 최근에야 그 사실을 깨달았다. 아이들이 독립할 때까지 얼마 남지 않았다고 생각한다. 길면 10년……. 아이들은 내 품에서 떠날 테고 더 세월이 흐르면 아이들과의 추억을 먹고 사는 할애비가 될 테다. 나는 아이들이 나를, 자신의 이야기를 귀담아들어 주는 아빠였다고 기억하길 바랄 뿐이다. 자정이 넘어 목이가 나에게 난생처음 라면을 끓여 주었다. 아~ 기억할 만한 날이다.

아이에게 칭찬받기가 얼마나 힘든지 부모라면 공감할 겁니다. 그날 막내 아이에게 칭찬받은 내용을 일기에 썼습니다. 세상에서 가장 힘든 일 가운데 두 번째가 '육아'라고 주변 사람들에게 이야기합니다. (첫 번째는 당연히 '효도'라고 생각합니다만.) 아이를 키우는 일이 어려운 것은 정답이 없기 때문입니다. 부모 입장에선 과거에 저질렀던 실수를 아이가 반복하지 않기를 바라는 마음이 크지만 그게 마음대로 될 리 없죠. 사실 부모도 아이들에게 배우며 여전히 자라고 있는지도 모르겠군요. 어쨌거나 이날 첫째 아이가 내게 라면을 끓여주었습니다. 중학교 1학년, 한창 사춘기인 딸에게 난생처음 라면을 얻어먹었으니 두고두고 기억할 만한 날이었습니다. 더 오랜 일기를 꺼내 보겠습니다.

2008년 7월 28일

"해각아~."

"네~." (기분 좋을 때는 '네'고 나쁠 때는 '응'이다.)

"머 하노. 인제 가자."

뭔가 주섬주섬거리는 낌새가……

"쪼금만……. 해각이 옷 입는다이가~."

"글나~."

밖에 나가자니 작은 아이가 쪼르르 방에 들어가서 옷을 챙겨 입는다. 언제부터 스스로 옷을 챙겨 입게 되었는지는 모르겠지만 누군가의 도움을 받지 않고 할 수 있는 일이 생겼다는 것은 감동이다. 입고 나와도 엄마가 홀랑 벗겨 다시 제대로 입히겠지만 내가 봐선 삐딱하게 돌아간 바지를 입고 나오는 작은 아이의 차림새는 만점을 줘도 아깝지 않다. 조금씩 조금씩 엄마와 아빠, 할머니의 손이 거들지 않아도 알아서 할 수 있는 일이 늘어날 것이다. 가만두어도 스스로 자랄 아이에게 당장의 걱정 때문에 도움의 손길을 내밀 필요는 없다. 당장 어설프고 마무리가 되지 않는다 하여도 아이는 아이 나름의 방법을 찾을 것이다.

이 일기를 썼던 시절 직장을 다니느라 식구들과 떨어져 지냈습니다. 10년 가까이 그런 생활이 이어지다 보니 아이들이 자라는 모습을 대부분 놓칠 수밖에 없었습니다. 그래서 아이들과 함께 있을 때 일어난 일들을 기억하려 노력했습니다. 그 노력은 일기와 사진이 가장 큰 부분을 차지합니다. 다섯 살이었던 둘째가 조금씩 스스로 하려는 모습을 보고 감동했었죠. 일기뿐 아니라 옷을 입고 나오는 장면을 찍은 사진까지 남아 있으니 훗날 아이에게 이날 일을 아주 구체적으로 들려줄 수도 있을 겁니다. 이 책에서 꼭 소개하고 싶은 이옥남 할머니의 일기 『아흔일곱 번의 봄 여름 가을 겨울』(양철북, 2018)을 읽던 날 일기도 옮겨 봅니다.

2018년 8월 23일

밤이 깊었는데 목이 웬일로 앞에 앉아 있길래 『아흔일곱 번의 봄 여름 가을 겨울』(양철북)의 끝부분에 실린 '책을 내면서'와 탁동철 선생님의 '할머니 이야기'를 읽어 주었다. 그전에 눈물이 왈칵 솟는 일기들은 마음이 동해 이미 들려주었다. 마지막까지 묵묵히 듣던 목이 "할머니 멋지시다"고 했다. 1922년에 태어난 이옥남 할머니는 어린 시절 아버지 몰래 아궁이의 재를 그러내어 그 위에 기역 자를 쓰고 니은 자를 써서 글을 익혔다. 시집와서도 시부모와 남편 앞에서 글을 안다 못하고 예순여섯, 어른과 남편은 세상을 떠나고 자식들을 대처로 보낸 이후에야 도라지를 캐어 판 돈으로 공책을 사서 일기를, 아니, '글씨'를 쓰기 시작했다. 할머니는 "내가 글씨 좀 늘어 볼까 하고 적어 보잖어"라고 하셨지만, 내가 보기엔 할머니의 '글씨'는 아름답고, 슬프고, 아린…… 공책 이랑에 뿌린 '글의 씨앗'들이고 '시'다. 읽으면서 눈시울을 훔치고 맹맹한 코끝을 쥔 게 몇 번인지 모르겠다. 2004년 6월 20일 비 오는 날, 할머니 일기의 마지막 두 줄이다.

꿈같이 살아온 것이 벌써 나이가 팔십셋이 되었구나.
그러나 지금은 자식들이 멀리 살지만 다 착해서 행복
하다.

이렇게 아이들과의 행복한 추억만 기억하는 건 아
닙니다. 기쁜 일은 휘발하기 쉬운데 슬픈 일은 응어리
가 되어 가슴속에 오래 남는 경우가 많죠. 오랜 시간 좋
아하고 따랐던 선배의 죽음을 마주하고 썼던 일기입
니다.

2017년 11월 24일
제우 형은 순한 사람이었다. 마흔일곱, 삶을 끝내기에
얼마나 이른 나이인가. 덧없다. 말 한마디 못하고 떠나
버렸다. 중환자실에 의식 없이 누워 있는 형의 부은 손
을 쥐고 "이러려고 그리 순하게 살았소" 하고 구박했
다. 형은 눈도 깜박이지 못했다. 사랑하고 좋아했으나
일찍 내가 볼 수 없는 곳으로 떠난 사람들을 떠올려 보
면 모두 형처럼 순한 사람들이었다. 신이 있다면 그런
사람들을 오래오래 살려 둘 텐데, 그래서 나는 신을 믿

지 않는다. 하지만 제우 형은 세례를 받았으니 좋은 곳으로 갔을 테다.

가까운 이의 죽음 앞에선 몸도 마음도 슬픔에 허물어지기 쉽습니다. 슬픔을 이기는 방법은 그걸 피하기보다 똑바로 마주하고 기록하는 거라 믿습니다. 일기는 현재 나의 감정이 어떤지 살펴보고 정리할 수 있는 여유와 실마리를 줍니다. 따져 보면 우리에겐 그럴 시간이 분명 필요한데도 무시하고 지나가는 경우가 대부분입니다. 일기를 쓴다고 항상 마음을 단단하게 여밀 수는 없겠지만 적어도 불안과 슬픔에 휘청이지 않고 마음을 차분히 가라앉힐 수는 있습니다. 할머니가 가시기 전 마지막으로 뵙고 온 날 일기입니다.

2015년 7월 28일
우리 할머니, 영일 정씨, 판자 남자, 1922년 임술년생. 위독하시다는 전갈 받고 아우와 어머니와 아이들을 데리고 뵙고 왔다. 아버지 돌아가시고 큰 숙부가 할머니를 모셨다. 기억을 잃어버리기 전 할머니는 큰아들이 있는 집으로 돌아가고 싶다는 말씀을 곧잘 하셨다. 우리는 약속이나 한 듯 당신이 사랑하던 큰아들, 그러니까 내 아버지의 죽음을 끝까지 말하지 않았다. 나를 앞에 두곤 희미한 기억을 끄집어내어 당신 큰아들 이름을 부르거나, 가끔 아꼈던 남동생 이름을 꺼내곤 했다. 이번에는 아무 이름도 부르지 않으셨다, 단지 춥다고만 하셨다.

마흔 살이 되면서 해마다 세 가지씩 버킷 리스트를 적고 있습니다. 이전까지는 눈앞에 닥친 일을 해내기도 벅찬 생활이었고 마흔 이후에야 제 삶을 뒤돌아보고 또 계획을 세울 여유가 생겼습니다. 책방을 하며 자유로이 쓸 수 있는 시간이 많아져 전보다 여유를 누리게 된 것이죠. 콧수염 기르기부터 오토바이 여행까지, 사소한 것부터 꽤나 용을 쓰고 오랫동안 준비해야 하는 것까지 여러 가지 해 보고 싶은 일을 정하고 지금까지 실행에 옮기는 중입니다. 이런 계획을 세우고 실행하는 데 일기가 도움이 됩니다. 이루고 싶은 일을 구체적으로 쓰고 자주 되뇌면 막연하게 마음속에 품고 있을 때보다 실현 가능성이 커집니다. 마흔이 되던 해 7개월 동안 책방을 찾아가는 배낭여행을 떠났습니다. 중국 국경을 넘어 베트남 사파에 있는 흐몽 북스토어를 찾았던 날, 다음 해 버킷 리스트를 정했습니다. 그때 일기에 남겼던 버킷 리스트는 모두 실행에 옮겼죠. 일기는 과거를 잊지 않게 하는 도구이자 미래를 준비하는 작은 디딤돌입니다.

2013년 3월 20일

쿤밍에서 야간 침대버스를 타고 열한 시간 만에 허커우에 도착해서 비자 만료 딱 하루를 남겨 놓고 중국 - 베트남 국경을 넘었다. 버스 정류장에서 허커우 국경 출입국 사무소까지 걸어서 1시간, 라오까이 출입국 사무소에서 또 걸어서 시내까지 1시간. 택시나 오토바이를 타도 될 것을 걸어간 덕분에 그냥 지나갈 뻔한 곳 구경 잘했다. 라오까이 시내에서 사파까지 약 35km, 미니버스(5만 동, 약 3000원)를 타고 왔다. 1시간 조금 더 걸렸는데 가면서 계속 사람을 태우고 짐을 싣는다. 사파에 도착하자마자 숙소를 잡고 토요일(23일 저녁) 하노이 가는 야간 침대버스 표를 샀다(30만 동, 약 1만 8000원). 그리고 책방을 찾아서 사파 골목길을 돌아다녔다. 책방이 있을까 했는데 두 군데나 찾았다. 지금까지 가는 곳마다 책방 구경을 다녔는데 중국 다리에 있는 '돌핀 아더 북스'는 정말 작고 아늑하고 아름다운 책방이었다. 인문 예술서만 꾸려 놓고 사진가와 화가의 그림엽서를 팔았다.

내년 버킷리스트 세 가지를 정했다. 1) 중고 스쿠터를
사고 2) 스쿠터를 타고 전국에 있는 서점(읍이나 소도
시에 하나밖에 남지 않은 서점이 20여 곳 있다는 기사
를 읽은 적 있다)에 놀러 가고 3) 진주에 작은 책방을
낸다.

7

{ **일기의 활용** }

일상의 기록을 넘어

우리 모두 읽을 수 있는 책이나 누구나 볼 수 있게 걸린 그림이 아니라, 오직 그 자신만이 단서를 가진 단 하나의 책이나 단 한 사람의 시선을 제외하고는 누구도 볼 수 없는 단 하나의 그림에 대해 솔직하게 말한다면, 즉 자기 자신에 대한 글을 쓴다면 차라리 그 자체로는 영원한 가치가 있을지도 모르겠다.[18]

버지니아 울프는 1918년부터 1941년까지 27년 동안 일기를 썼습니다. 30대 초반부터 삶을 마감할 때까지 글쓰기를 멈추지 않았습니다. 평소 울프는 조카들과 주변 사람들에게 일기 쓰기를 권했다고 합니다. 1928년 데

뷔작이었던 『댈러웨이 부인』을 발표한 이후 소설 외에 신문이나 잡지에 발표한 서평과 산문이 600편이 넘을 정도로 많은 글을 남겼습니다. 버지니아 울프는 「수필의 쇠퇴」라는 짧은 산문에서 어떤 글보다 '자기 자신에 대한 글'이 가치 있다고 했습니다. 그가 많은 글을 남길수 있었던 이유는 평소 일기를 썼기 때문이라 믿습니다. 일상의 기록이 소설과 산문과 서평을 쓰는 데 많은 도움이 되지 않았을까요. 작가 실비아 플라스도 사춘기 소녀 시절부터 일기를 썼습니다.

> 1958년 6월 25일☆
> 아마 이 일기 전체를 통틀어 별표를 한 날은 오늘이 처음일 것이다. 어제 여기 글을 쓰려고 했는데, 우울증에 빠져 눈물에 젖은 상태여서 못했다. 오늘 나는 다시금 활자들을 타이핑하고 송고할 테드의 시와 내 시의 원고를 만들려고 앉았다.[19)]

우울을 극복하며 시를 쓰기 위해 노력하는 작가의 일상이 일기에 고스란히 담겨 있습니다. 시를 향한 걸러지지 않은 욕망이 일기 속에 가득합니다. 실비아 플라스에게 일기는 시작 노트와 마찬가지였습니다. 시를 쓰기 위해 일기를 썼던 것은 아닐까 생각이 들 정도입니다. 일기 중 유일하게 날짜 옆에 ☆를 그려 넣은 이날은 그가 그토록 기다렸던 『뉴요커』지에 투고했던 시가 실린다는 편지를 받은 날입니다. 이날만큼은 내내 자신을 괴롭혔던 우울에서 벗어나 '절정의 기분'에 사로잡힙니다. 버지니아 울프나 실비아 플라스의 일기가 일상의 기록을 넘어 자신의 작품을 쓰는 바탕이 되었다는 사실을 부정할 수 없습니다. 실비아 플라스는 일기에 버지니아 울프에 대한 사랑과 존경의 감정을 털어놓습니다. 시대는 다르지만 문학에 대한 열정으로 가득했던 두 작가가 일기를 통해 연결되어 있는 듯합니다.

> 도대체 울프는 어떻게 하는 걸까? (……) 울프는 거의 무성無性적인 신경증적 발광성 – 물체들을 잡아내는 시선 때문에. 의자들, 식탁들, 길거리의 사람들 속에 빛을 주입한 듯한 느낌. 삶이라는 원형질의 희미한 빛. 나는 베낄 수도 없거니와 베껴서도 안 된다.[20]

제가 일기를 쓸 때 첫 번째로 적는 건 오늘 일이 아니라 내일(을 포함한 미래) 할 일입니다. 두 번째는 오늘 있었던 일 중에 기억에 남거나 인상 깊은 일을 서술

합니다. 세 번째로는 떠오르는 아이디어를 잊지 않기 위해 써 두거나 언젠가 도전해 보고픈 일을 기록하기도 합니다. 일기를 쓰는 행위의 1차 목적은 기록이고 그것만으로도 충분하지만 일기를 새로운 일이나 작품의 재료로 쓸 수 있다면 더 값질 겁니다. 관심 분야가 있거나 공부거리가 있다면 일기를 쓰면서 자신의 생각을 가지런하게 만들 수도 있겠죠. 일상을 기록하다 보면 버지니아 울프나 실비아 플라스처럼 창작의 실마리를 찾을 수도 있지 않을까요.

한 가지 주제를 파고든 철학자
비트겐슈타인의 두 쪽 일기

일기가 바탕이 되어 빼어난 결과가 나온 예를 든다면 철학자 루트비히 비트겐슈타인의 『논리철학논고』를 빼놓을 수 없겠군요. 그는 제1차 세계대전에 참전해 포로로 잡혀 고국으로 돌아오기까지 약 5년 동안 일기를 씁니다. 20세기 철학사에서 가장 중요한 저작 중 하나인 『논리철학논고』를 총알이 빗발치는 전선에서 쓴 셈이죠. 전쟁의 참상과 "논리를 통해 세계 전체를 파악하려는 시도인 동시에, 그러한 시도가 갖는 한계에 대한 인식"[21]에 대해 기록했던 '전쟁일기'는 전쟁이 끝난 후 출간된 『논리철학논고』의 저본이 되었습니다. 그는 자신만의 방법으로 일기를 구성했는데요, 한쪽은 일상을 기록하고 한쪽은 『논리철학논고』의 바탕이 되는 이론을 정리했습니다. 1916년 7월 24일 그의 일기[22]입니다.

1916년 7월 24일 총격을 받고 있다. 총성이 날 때마다 영혼이 움찔거린다. 계속 살고 싶은 마음이 얼마나 간절한지 모른다!	1916년 7월 24일 세계와 삶은 하나다. [5.621] 생물학적 삶은 물론 "삶"이 아니다. 심리적 삶 역시 아니다. 삶은, 세계다. 윤리는 세계를 다루지 않는다. 윤리는 논리와 마찬가지로 세계의 조건들 중 하나여야 한다. 윤리와 미학은 하나다. [=6.421]

두 쪽으로 나눠서 쓰는 방식으로 그는 더디지만 치밀하게 원고를 완성할 수 있었습니다. 그가 이 방식으로 일기를 쓴 이유는 동료들에게 일기 내용을 들키고 싶

지 않았기 때문입니다. 처음에는 평범하게 일상을 기록하다 동료 병사들과 마찰이 생기자 일기장 왼쪽은 암호를 사용한 개인적인 내용으로, 오른쪽은 철학적인 내용으로 나누어 씁니다.• 이 방식을 '즉흥적'으로 생각했다 해도 꽤 효율적인 것은 인정할 수밖에 없습니다. 일기에서 한 번 더 주제에 맞는 원고를 걸러 내고 옮기는 작업을 하지 않아도 되었을 테니까요. 항상 죽음을 마주해야 하는 군인이었고, 원고를 정리할 수 없을지 모른다는 불안감 때문에 절차를 줄이기 위해 이 방식을 쓰지 않았을까 짐작합니다. 자신이 죽으면 어머니와 케임브리지 대학 시절 자신을 가르쳤던 버트런드 러셀에게 일기를 보내라고 한 것만 보더라도 미래를 확신할 수 없는 상황이었다는 걸 알 수 있습니다. 내일의 삶도 장담할 수 없는 전장에서 짬을 내 쓰는 일기가 훌륭한 저작으로 다시 태어나리란 걸 그는 예상하고 있었을까요. 꾸준히 멈추지 않고 일기를 썼지만 정작 그는 자기 일기에 애정이 없었던 듯합니다. 러셀에게 보낸 편지에서 이렇게 부탁합니다. 비밀처럼 간직하고 싶었던 감정과 행동까지 공개되는 게 부담스러웠겠지요.

• 개인적인 내용은 읽기 어렵도록 'a'는 'z'로, 'b'는 'y'로 알파벳을 바꾸어 썼다. 비트겐슈타인의 일기와 노트, 원고 등 2만 쪽에 달하는 원고는 비트겐슈타인 문헌보관소 웹사이트(wittgen-steinsource.org)에서 열람할 수 있다.

내 일기장과 노트들은 제발 부탁이니 불쏘시개로만 쓰세요. 매일 2~3장씩 난로에 불을 붙이는 데 사용하면 금방 다 쓸 수 있을 겁니다. 활활 잘 타길 빕니다. 그러니까 없애 버리세요![23]

그의 바람과는 달리 일기뿐만 아니라 그가 썼던 거의 모든 원고는 살아남았습니다. 그가 전장에서 살아 돌아왔듯 말이죠. 그가 일기에 정리해 완성했던 『논리철학논고』는 그가 생전에 출간한 유일한 책이었습니다.

일기, 다음 글쓰기를 위한 씨앗

이미 일기가 글을 쓰기 위한 씨앗이라는 이야기를 했죠. 꾸준히 일기를 쓰는 현실적인 이유는 어떤 방식으로든 다음 작업을 위한 디딤돌이 될 수 있기 때문입니다. 이 책도 일기를 써 왔기 때문에 펴낼 수 있었으니 증거를 멀리서 찾을 필요가 없겠네요. 제 경험을 말하자면 잡지나 신문에 연재할 때 일기의 도움을 많이 받았습니다. 관심 있는 분야나 좋아하는 사람, 물건에 대한 이야기를 읽거나 들으면 메모했다가 일기에 옮겨 씁니다. 오랜 시간 사진과 카메라를 좋아해서 관련된 정보를 모으고 분류하는 일을 즐겼습니다. 지금도 사진과 카메라를 좋아하지만, 책방을 열고 오토바이를 타고 여행하기를 즐기게 된 이후부터 일기에는 책과 책방, 오토바이에 대한 내용이 많아졌습니다. 사진과 카메라에 대한 글과 이야기를 수집해서 일기에 옮기는 일이 드물어졌지만 그래도 멈춘 것은 아닙니다. 신문과 잡지에 카메라에 얽힌 이야기를 연재할 때는● 예전 일기를 들추며 글감을 찾을 때가 많았습니다. 일기에 옮겨 둔 잡다한 글들이 실마리를 풀어 주었죠.

'최민식 사진상' 2회 본상 수상자로 최광호 선생님이 선정되었다는 기사를 보았다. 예전 사진잡지사에서 일할 때 선생님을 두 번 뵌 적이 있었다. 나는 말석에서 가만히 선생님들의 대화를 듣고 있었다. 그때는 듣는 것도 공부였다. 평소 뵙고 싶었던 분들을 만나면 다시 그분들의 작품과 글을 살펴보곤 했다. 사람과 작품은 서로 통하는가. 그러니까 작가의 모습, 눈빛, 말투, 행동과 작품의 분위기가 일치하는가 궁금했다. 어떤 분들은 그랬고, 어떤 분들은 그렇지 않았다. 그래서 결론은, 결론을 낼 수 없었다. 2010년 6월 16일 메모해 두었던 최광호 선생님의 글.

● 일간지 『한겨레』에 '카메라히스토리아', 사진 잡지 『포토넷』에 '카메라 인 무비'를 연재했다.

"사진의 특징은 이미지 전달이지요. 기계적 특성에 너무 매달리면 그 본질을 잃어버리게 됩니다. 좋은 장소에서 좋은 것을 찍는 것은 쉽지요. 장소가 주는 보편적 아름다움이 사진기를 그곳에 머무르게 하니까요. 하지만 사진은 보편적 아름다움이나 결정적 순간을 찍는 것이 아니라 자기가 느낀 것을 토해 내는 것입니다. 그것들은 모두 일상 속에 있습니다. 그것을 볼 수 있어야 합니다. 장비는 그것을 볼 수 있는 눈이 없습니다. 그것은 사진가의 마음속에 있는 것이지요. 저는 잠자는 시간 외에 사진기를 몸에서 뗀 적이 없습니다."

2015년 6월 29일에 쓴 일기입니다. 일기를 쓰며 생각을 가다듬고 좋아하는 주제에 대해 더 깊이 공부할 수 있었습니다. 일기는 빈약한(!) 기억력을 조금이나마 연장하는 도구이기도 했습니다. 기억을 되살려 주는 다양한 도구들이 있겠지만 손으로 눌러 쓴 일기보다 더 강력한 도구는 없겠죠. 일기를 통해 기록과 필사를 할 수 있었고, 여러 부족함을 메꾸는 데 도움이 되었습니다. 원고를 보내야 하는데 막히면 일기에 필사했던 문장들이 많은 도움이 되었습니다.

8
{ 그들의 일기 }

기억하고 싶은 일기들

여기 소개한 일기들은 굳이 가려 뽑은 것이 아닙니다. 오래전에 읽은 일기도 있고 원고를 쓰며 최근에 읽은 일기도 있죠. 책방과 서재에 꽂힌 일기를 담은 책들 중에 마음이 가는 것으로 골랐습니다. '아우슈비츠 수감자의 일기장'과 오희문의 『쇄미록』은 전시로 본 것입니다. 원고를 쓰며 참고했던 책과 소개하고 싶은 일기들은 책 말미에 따로 정리해 두었습니다.

아우슈비츠 수감자와 안네 프랑크의 일기

2019년 오토바이를 타고 유라시아 횡단 여행을 다녀왔습니다. 예전부터 유럽의 이름난 서점들을 찾아보고픈 마음이 있었고 여러 해 준비를 하고서야 겨우 떠날 수 있었습니다. 여행을 준비하는 과정부터 일기를 썼고 여행을 다니는 중에도 틈틈이 기록을 남겼죠. 여행하는 동안 제2차 세계대전 당시 유태인과 나치에 반대하는 사람들을 학살했던 폴란드 아우슈비츠 강제 수용소를 찾은 적 있습니다. 아우슈비츠에서 희생된 사람만 300만 명이었습니다. 매일 2000명의 사람들이 아우슈비츠의 가스실에서 목숨을 잃고 불태워졌습니다. 그 현장을 보니 인간의 악한 본성은 깊이를 가늠할 수 없더군요. 흐느끼고 눈물을 흘리는 사람들도 있었습니다. 아우슈비츠 수용소를 돌아보며 분노했지만 뭉클했던 순간도 있었습니다. 수용소의 전시실에서 이름 모를 수감자가 남긴 작은 일기장을 만났을 때입니다. 그날(2019년 6월 18일) 일기입니다.

수용소였다는 역사적 사실을 걷어 내고 현재의 풍경만 놓고 보면 한적한 시골에 있는 오래된 작은 대학 캠퍼

아우슈비츠 수용소에 전시된 보헤미안 수감자가 남긴 일기장.
손가락 두 개 정도의 작은 크기다.

스 같은 느낌이다. (원래 이곳은 폴란드군의 병영이 있던 곳이었다.) 하지만 내부로 들어가면 상상도 못할 만행이 자행된 흔적들이 그대로 남아 있다. 철저하게 산 자에게 공포를 심어 주기 위한 장치들이 곳곳에 있었다. 수용소 건물 사이에 만들어 놓은 총살 집행장은 죽어 가는 사람들의 비명이 메아리쳐 울리도록 했다. 바로 옆 지하 감방은 소련과 폴란드에서 잡혀 온 사상범들을 대상으로 가스 실험을 했던 곳이다. 이곳에 들어온 이상 절대 살아서 나갈 수 없다는 절망만 존재했을 것이다. 하지만 절망 속에서도 수용소에서 있었던 일들을 기록한 사람들이 있었다. 보헤미안(체코 보헤미아 지방의 집시)을 가뒀던 수용소 건물에 전시된 두 손가락을 합친 정도 크기의 작은 수첩에 빼곡히 적힌 글자가 살아남은, 기록을 남겨 기어코 그 시절을 버텨 지금까지 살아 있는 영혼이 아닐까 생각했다. 이 작은 규모의 수용소에서 그 많은 유대인과 집시, 히틀러에 반대하는 이들을 죽이기 위해 가스실을 만들고 바로 옆 화구 속에 시체를 밀어 넣어 태웠다. 전쟁은 언제나 인간을 광기 속으로 몰아넣고 인간임을 망각하게 만든다. 평화의 길을 두고 전쟁을 일으키거나 부추기는 이들은 대부분 타인을 희생해 자신의 생명과 권력을 연장하려는 이들이다.

간수에게 들키지 않기 위해 아주 작게 만든 일기장
에는 빼곡하게 무언가 적혀 있었습니다. 이 일기를 쓴
수감자가 살아서 아우슈비츠를 떠났는지 알 수 없습니
다. 아비규환의 수용소에서 이 작은 노트에 글을 쓰며
자신의 존엄을 지키지 않았을까요. 여행에서 돌아오는
길에 암스테르담에 있는 안네 프랑크의 집에도 찾아갔
었습니다. 수많은 사람들이 『안네의 일기』의 배경이었
던 이곳을 찾더군요. 2년 동안 숨어 지내며 안네는 '키
티'Kitty에게 말을 건넵니다. 키티는 일기장에 붙인 애칭
이었죠. 게슈타포의 눈을 피해 갇혀 지내야 했던 안네
에게 일기장은 유일한 친구였던 셈입니다.

런던의 네덜란드어 방송을 통해 정치가 볼케스타인은
전쟁이 끝나면 전쟁 중에 국민들이 쓴 일기와 편지들을
모아 집대성하겠다고 했습니다. 그렇게 되면 틀림없이
모든 사람들이 나의 일기에 주목하게 되겠지요. 이 은
신처에서 일어난 여러 가지 사건들을 책으로 엮어 발표
한다면 얼마나 재미있을지 한번 상상해 보세요.[24]

전쟁이 끝난 후 피난 생활을 했던 사람들의 일기를 모을 거라는 라디오 방송을 듣고 안네는 처음 썼던 일기를 다시 정리했습니다. 하지만 안네는 살아서 꿈을 이루지 못하고 결국 수용소에서 열여섯 살의 나이로 생을 마감합니다. 하지만 안네는 일기에 "나는 죽은 후에도 여전히 기억되고 싶습니다"[25]라고 고백했던 것처럼 영원히 사람들에게 기억될 겁니다.

오희문의 『쇄미록』과 유만주의 『흠영선집』

책방에서 걸어서 30분이면 국립진주박물관에 닿습니다. 박물관에 전시 중인 오희문의 『쇄미록』을 만났습니다. 『쇄미록』은 이순신의 『난중일기』, 류성룡의 『징비록』과 함께 임진왜란의 3대 기록물로 꼽힙니다. 『난중일기』와 『징비록』은 이미 알고 있지만 『쇄미록』이 3대 기록물에 들어갈 만한지 전시를 보기 전엔 전혀 짐작할 수 없었습니다. 『쇄미록』의 존재 자체를 몰랐으니까요. 『난중일기』와 『징비록』이 임진왜란 당시 중요한 역할을 맡았던 인물의 기록인 반면, 『쇄미록』은 제목 그대로 '보잘것없이 떠도는 자의 기록'이었으니 오랫동안 주목받지 못했던 게 아닐까 짐작해 봅니다. 찾아보니 1991

년에 보물로 지정되었더군요. 16세기 사대부 양반이었던 오희문은 임진왜란을 겪으며 9년 동안 전라도, 충청도, 강원도로 피난을 다닙니다. 가족들은 뿔뿔이 흩어지고 자식들의 죽음도 지켜봐야 했습니다. 1597년 2월 6일 그가 남긴 일기입니다. 전쟁 중에 약도 제대로 쓰지 못하고 병들어 죽은 딸을 생각하며 슬퍼하는 그의 모습이 생생하게 그려집니다.

새벽에 집사람이 꿈속에서 죽은 딸을 보았는데, 완연히 평소의 모습과 같았다고 한다. 집사람과 서로 마주 보며 애통해했다. 오늘이 발인이라 분명 떠도는 넋이 먼저 와서 꿈에 보였나 보다. 슬퍼서 통곡했다. 둘째 딸도 두 번이나 꿈에서 보았다고 한다. 평소에 슬하를 떠나지 않았던 아이를 이제 산골짜기에 묻으니, 외로운 넋이 분명 컴컴한 무덤 속에서 슬피 울고 있겠지. 더욱 지극히 애통하다.[26]

3368일 동안 그는 쉼 없이 일기를 씁니다. 지필묵을 구하기 어려운 전쟁 중에 일기를 계속 쓴다는 게 보통 힘든 일이 아니었을 텐데 1670쪽, 51만 9973자로 임진왜란 중에 겪었던 모든 일을 기록합니다. 덕분에 450

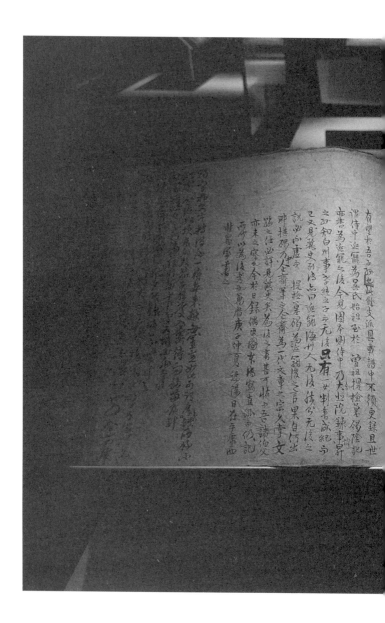

有望於吾子阿也此族支派具載譜中不須更錄且世
謂侍中亦寵為吳氏始祖玉柱曾祖提擇景錫陰記
亦甞為追寵之後　今見圖本則侍中乃大理院錄事昇
之卻知白州事甞立乎尔无後　且有一世判書成紀不
已又見藥史別傳乌吕延顯海州人无後援分无後之
說必心虚方　提檢墓碣　為遂銘後之言果自何出
卻推碣乃全蕃宗全彝為二代文章之宗久事文
脇之住必許見藥史朱為後之事甚可怪乎吾誅逽父
亦未之辯矣今來日錄偶因圖古墳竊直翫而伪記
西平以為後裔而易唐庚子冲夏楊陽日在辛康西
裴吾學書之

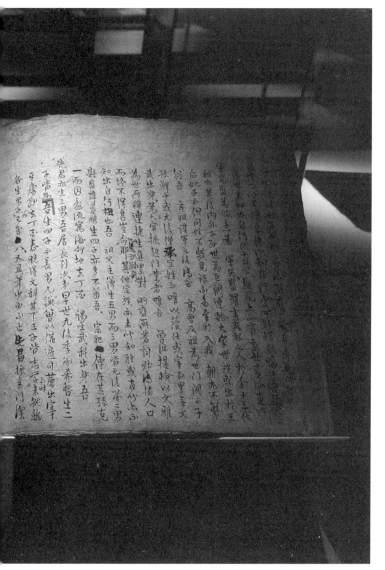

국립진주박물관에서 전시했던 오희문의 임진왜란 일기 『쇄미록』.

년이 지난 지금도 『쇄미록』을 통해 당시 사회상을 상세하게 그려 낼 수 있습니다. 음식부터 전염병, 관혼상제, 노비 제도까지 16세기 조선의 일상이 일기에 그대로 적혀 있습니다.

조선 시대 오희문만큼 성실하게 일기를 썼던 인물이 또 한 명 있습니다. 만 스무 살이 되던 해부터 서른네 살 생일을 며칠 앞두고 세상을 뜨기까지 자신의 일상을 기록한 유만주입니다. 그는 관직에 나가지 못한 양반이었고 짧은 생애 대부분 읽고 쓰며 보냈습니다. 그의 아버지 유한준은 젊은 시절에는 박지원과 문우였고 관직을 오래 지냈습니다. 학식과 인품으로 존경받는 인물이었죠. 아마 그런 아버지를 보며 과거에 합격하지 못한 자괴감을 느꼈을 겁니다. 하지만 꿋꿋하게 독서하고 일기를 쓰죠. 부질없이 일찍 세상을 떠난 아들에 대한 아버지의 회상에서 평소 유만주의 모습이 어떠했는지 짐작할 수 있습니다.

나의 아들은 '글'에 대해 마음과 의지를 하나로 집중하고 기운과 정신은 오로지 침잠하여, 20년을 깊이 연구하고 사색했다. 그의 사학은 깊었고 일기 쓰기는 광박했으며 시는 맑았고 문사는 고상했다. 그러나 감춰 두기를 좋아하는 성격이라 안으로만 간직하고 내보이지 않았으며 서른넷에 포의布衣(벼슬 없는 선비)로 일생을 마쳤다.[27]

유만주는 세상을 떠날 때까지 모두 스물네 권의 일기를 남깁니다. 이 일기의 이름을 '흠영'欽英이라 짓습니다. '흠영'은 '꽃송이와 같은 아름다운 인간의 정신을 흠모한다'는 뜻을 가졌습니다. 큰 꿈이 있으나 펼치지 못했던 젊은이의 고뇌와 상심이 일기에 자주 비칩니다. 그의 일기는 어쩌면 자신의 고민을 풀어놓을 수 있는 유일한 친구였을지도 모르겠습니다. 스물한 살 처음 일기를 쓰기 시작했던 해 이런 글을 남깁니다. 왜 우리가 일기를 써야 하는지 명확해지는군요.

내가 글을 배운 이래 작년까지 3700일 남짓이 지났다. 그런데 그 3700일 동안 겪은 일들을 모두 기록하지 않았기 때문에 지난날을 돌이켜 보면, 꿈속에 또렷하던 것이 깨고 나면 아물아물하고, 번쩍번쩍 빛나는 번개가 돌아보면 사라져 없는 것처럼 좀체 떠오르지 않는다. 일기를 쓰지 않은 탓이다.

최종규의 『헌책방에서 보낸 1년』과
숀 비텔의 『서점일기』

책방을 하고 있으니 책방 이야기가 담긴 책들이 나오면 가능하면 구입해서 읽는 편입니다. 8년차 책방지기가 되었지만 책방에 쏟을 에너지의 절반은 가욋일을 하는 데 쏟는지라 다른 책방은 어떻게 꾸려 가는지 궁금한 마음이 큽니다. 그리고 책방 이야기는 언제나 재미있으니까요. 책방이란 공간은 손님이 있으나 없으나 이야기로 꽉 찬 곳이라 책방지기만 부지런하다면 끊임없이 쓸거리가 생기는 곳입니다. 제겐 그 부지런함이 부족하기 때문에 쓰던 책방일지마저 그만둔 것이겠죠.

전국에 헌책방이 몇 곳이나 남아 있을까요? 제가 사는 진주는 여느 도시보다 헌책방이 많은 편입니다. 1990년대까지만 해도 진주에는 여덟 곳의 헌책방이 있었지만 지금은 소소책방을 포함해서 네 곳이 있습니다. 문을 연 지 40년이 훌쩍 넘은 서점도 있죠. 제가 가장 자주 찾았던 곳은 '중앙서점'이었습니다. 2004년 문을 닫았고 책방지기셨던 박상목 선생님도 돌아가신 지 오래되었습니다. 언젠가 고향에 내려와 헌책방을 열겠다는 마음을 계속 지녔던 것도 중앙서점에 대한 향수가 그만큼 컸기 때문이었습니다.

직장 생활을 그만두고 오랜 꿈이었던 책방을 차리게
된 계기도 철없던 학창 시절 오랜 시간을 함께했던 중
앙서점 때문이다. 그곳에서 나는 책 읽는 즐거움을 깨
쳤고, 멋진 작품을 남긴 작가들을 알게 되었으며, 다른
이의 삶을 편견 없이 바라보는 법을 익혔다. 박상목 선
생님은 그 시절 나의 학교 밖 스승이셨고, 학교에서보
다 중앙서점에서 그리고 무시로 다닌 다른 헌책방과
서점에서 더 많은 것을 배우고 익혔다. 박상목 선생님
은 내가 책방을 찾을 때마다 끊임없이 새로운 책과 작
가에 대해 이야기를 건네셨다. 지금 생각하면 딱 나의
독서 수준에 맞는 조언이었다. 게임 공략집이 들어 있
는 과월호 컴퓨터 잡지를 찾기 위해 시작한 중앙서점
출입은 날이 갈수록 잦아졌고 손에 쥐는 책의 저변도
넓어졌다.

2018년 9월 7일에 남긴 일기입니다. 중앙서점을 다
니던 당시 사진이나 기록을 남기지 않은 일을 지금도 후
회합니다. 그렇게 좋아하고 무시로 다녔는데 중앙서점
에 대한 어떤 흔적도 제게 없습니다. 세월이 흐르면 머

릿속에 있던 기억들도 조금씩 사라지겠죠. 최종규 작가의 『헌책방에서 보낸 1년』(그물코, 2005)은 2004년 5월부터 2005년 4월까지 헌책방을 찾아다니며 썼던 일기를 모은 책입니다. 이 책에는 실리지 않았지만(주소와 연락처는 나옵니다.) 최종규 작가가 2004년 쓴 기사가 중앙서점을 기억할 수 있는 거의 유일한 글입니다. 『헌책방에서 보낸 1년』은 책방을 꾸리고 있는 저에게는 소중한 책입니다. 그 시절 제가 손님으로 다녔던 책방들의 모습을 너무나 꼼꼼하게 기록해 두었고, 사라진 책방들의 역사를 담고 있으니까요.

（중앙서점） 책방 문을 밀고 들어갑니다. 바깥에서 보기에는 고만고만한 크기이지 싶었는데 안으로 들어가니 천장이 무척 높고 책방 안쪽으로도 꽤나 깊습니다. 책은 바닥부터 천장까지 가득 쌓였습니다. 책꽂이에는 빼곡하게 책이 가지런히 꽂혀 있고요. 뭐랄까, 뿌듯하고 반갑습니다. 지역 헌책방으로서 이만큼 책을 잘 갖추고 있으니까요. 무엇보다도 놀라운 한편으로 진주에 계신 분들은 좋은 헌책방 한 곳을 갖고 있으니 즐거웁겠다 싶어요.[28]

숀 비텔의 『서점일기』는 2014년쯤 쓴 일기를 모은 것입니다. 숀 비텔은 스코틀랜드에서 가장 큰 헌책방인 '더 북숍'을 2001년 인수해 지금까지 운영하고 있습니다. 그의 일기를 읽으며 다시 '책방일지'를 써 보고 싶다고 생각했습니다. 매일매일 쓰지는 못하더라도 어떻게든 다시 기록을 해야겠다고 마음먹었습니다. 『서점일기』에서 가장 눈길을 끄는 것은 일기 말미에 적힌 '손님'과 '매출'이었습니다. 그날그날 찾아온 손님 수와 매출액을 헤아린 거죠. 2014년 2월 11일 '더 북숍'을 찾은 손님은 한 명이었고, 매출은 5파운드였습니다. 일기를 읽는 제가 다 한숨을 쉬게 되더군요.

서점 정문 양쪽에는 아주 커다란 창문이 있어서 때에 따라 주제를 살려 책을 진열하는 데 사용한다. 얼마 전부터 물이 조금씩 샌다는 낌새는 있었지만 이렇게 심한 경우는 처음이었다. 나는 물에 흠뻑 젖은 책들을 다 치우고 대신 그 자리에 떨어지는 물방울을 받기 위해 컵 여섯 개, 수건 그리고 냄비를 늘어놓았다. 이렇게 집이나 서점에는 수리가 필요한 일이 해마다 발생하는데 이상하게도 이런 문제는 어김없이 주머니 사정이 가장 빈약하고 혹독하게 추운 겨울에 찾아온다.[29]

숀 비텔의 일기를 읽으며 얼마나 고개를 끄덕였는지 모릅니다. 책방에 비가 새서 여러 번 책을 버렸던 저로선 이 일기를 읽으며 공감할 수밖에 없더군요. 스코틀랜드도 헌책방이 어렵기는 매한가지구나, 하고 말이죠. 헌책방에도 볕 들 날이 있을까요. 마지막으로 그의 일기입니다.

나 또한 그랬듯이 멋모르는 사람들에게 '중고 서점 운영'은 장작불이 활활 타오르는 난로 옆에서 안락의자에 슬리퍼 신은 발을 올리고 앉아 입에 파이프를 물고 기번이 쓴 『로마제국 쇠망사』를 읽고 있노라면, 지적인 손님들이 줄줄이 들어와 흥미로운 대화를 청하고 책값으로 두둑한 현금을 놓고 나가는 그런 목가적인 일이 결코 아니라는 효과적인 경종을 울려 준다. 사실 서점 주인의 일상은 그와는 전혀 딴판이다.[30]

9
{ 일기, 남겨야 하나 없애야 하나 }

마흔 살이 넘어가면서 확실히 달라진 점이 있다면 기쁜 일보다 슬픈 일을 더 자주 마주하게 된다는 거죠. 부정하고 싶지만 결혼, 출산, 승진 소식보다 이별과 죽음에 대한 소식이 더 많이 들려옵니다. 그때마다 나에게 그런 순간이 다가오면 나는 무엇을 어떻게 정리해야 할까 고민합니다. 인정하기 싫지만 어떤 일이든 매듭을 지어야 할 때가 오니까요. 2014년 9월 5일 썼던 일기입니다.

　많은 이들이 자신의 인생을 두고 육중한 돌을 포갠 피라미드라 여기지만 돌아보고 살펴보면 대부분은 개울가에 쌓은 어설프고 아슬한 돌무지다. 영원히 쌓아 올릴 것처럼 생각하지만 인생의 어느 시점이 되면 쌓았던 것을 하나씩 덜어 내야 한다. 쌓기보다 덜어 내는 일이 더 중요하다. 누구는 조심스레 윗돌을 들어 다른 이의 돌무지에 보태는 사람이 있는가 하면 누구는 계산 없이 밑돌을 하나씩 뽑다가 순식간에 허물어뜨리고, 또 누구는 포악하게 남이 쌓은 것까지 함께 무너뜨리기도 한다. 쌓기는 더디고 힘들지만 덜고 내려놓는 일은 순식간이다. 두 가지 모두 침묵, 인내, 체력(건강), 균형감 그리고 유머와 위트 등등 여러 가지 요령이 필요하지만 역시 중요한 것은 '타이밍'이다. 특히 내려놓을 적당한 때가 '언제'인지 아는 게 가장 어렵다.

일기를 포함한 개인적인 기록들을 어떻게 할 것인가도 결정해야 할 때가 분명 올 겁니다. 남길지 전할지는 자신의 판단에 달려 있습니다. 저라면 이성이 흐려지기 전에 정리하는 쪽으로 마음이 기웁니다. 일기의 내용 대부분이 일상과 사생활이고 나이 들어서도 여전한 철없는 생각과 행동의 기록이니, 일기가 나의 손을 떠나 누군가에게 읽힌다고 상상하면 부끄럽고 두렵습니다. 2006년부터 지금까지 보관하고 있는 일기장과 취재 수첩, 노트가 꽤 많지만 언젠가는 모두 정리할 때가 있을 겁니다. 하지만 그게 '언제'일지 현재로선 짐작할 수 없군요.

누군가는 천수를 누리기도 하고 어떤 이는 주변을 정리할 틈도 없이 세상을 떠나기도 합니다. '인명재천'人命在天이라 어떤 사람도 자신의 마지막 순간이 언제인지 알 수 없습니다. 평소 남길 것과 버릴 것을 구분해서 주기적으로 정리하는 것도 방법입니다. 처음부터 정답이 없는 문제니 어쩌면 당장은 일기를 쓰는 것에 집중하는 편이 나을지도 모릅니다. 하지만 세월이 흐르고 일기가 쌓이게 되면 '정리'에 대해 고민할 때가 옵니다. 가까운 이가 떠나거나 슬픈 일을 당했을 때는 더욱 그러합니다.

일기를 불살라 버리는 현명과 여유

앞에서도 언급했지만, 역사학자 김성칠 선생은 일기를 쓰면서도 왜곡하지 않으려 노력했습니다. 해방 이후부터 한국전쟁 당시까지 일기를 모은 『역사 앞에서』에서 선생은 "죽기 전에 내 일기를 불살라 버리는 현명과 여유가 있다 하더라도" 다투거나 흥분된 마음으로 일기를 썼다가 상대에 대한 편견을 강화하거나 후대에 오해를 불러일으키지 않을까를 늘 염려했습니다. 감정이 격해 있을 때 상대방에 대해 평하는 것을 조심스러워했고 또 왜곡된 표현을 사용하지 않기 위해 애썼지요.

일기에 거짓말은 쓰지 않는다더라도 생활의 본연의 자태는 나타나지 않고 왜곡되어서 표현되는 수도 있을 것이다. 그러나 이는 정도의 문제이니 일기가 사진일 수 없고 그림인 바에는 화가의 보는 눈에 따라서 소재 중에는 적당한 취사선택이 있을 것은 당연한 일이며, 그리함으로써 아름다운 그림을 그려 낼 수 있을 것이다. 그러나 서투른 화가가 자기의 주견을 고집해서 소재의 어떤 부면部面만을 고의로 강조하는 결과는 화면에 자연의 진실성을 나타내지 못하고 왜곡된 표현을 하기에 이를 것이다. 내가 일기를 쓰는 데 있어서도 이와 같은 화가의 과류過謬를 범하지 않는가 나는 늘 반성한다.[31]

안타깝게도 김성칠 선생에게 "죽기 전에 내 일기를 불살라 버리는 현명과 여유"는 주어지지 않았습니다. 선생은 한국전쟁 당시 괴한의 총격을 받아 갑작스럽게 세상을 떠났기 때문입니다. 선생의 일기는 오랜 세월이 지나는 동안 흩어지지 않고 보관되어 오다 이 일기의 역사적 가치를 알아본 사람들에 의해 1993년 책으로 묶여 나옵니다. 이 글을 읽으며 크게 깨닫는 바가 있어 아무리 일기라도 개인적인 감상이나 평은 함부로 쓰지 말아야겠다고 결심했습니다. 순간의 나쁜 감정에 휩싸여 남긴 글이 누군가에겐 상처가 될 수도 있고 상황을 왜곡할 수 있다는 사실을 깨달았기 때문입니다. 이런 마음가짐으로 자신의 일상과 시대를 기록했기 때문에 선생의 일기가 더 값지다 생각합니다. 지금까지 자신의 감정을 거르지 않고 단지 쏟아 내기 위해 일기를 썼다면 한 번쯤 그 습관을 돌아볼 필요가 있습니다. 나는 사라졌지만 일기는 남는 경우를 생각한다면 김성칠 선생의 일기 쓰는 자세를 본받아야 합니다. 그래서 저는 할 일과 사실을 간략하게 서술하는 데 집중합니다. 물론 감정과 감상이 그날 일기의 중심일 때도 있지만 부정적인 감정이나 평가는 쓰지 않으려 노력합니다. 일기는 개인의 기록이지만 가상의 독자가 있다고 생각하죠.

헌책방을 운영하고 있으니 가끔 손으로 쓴 오래된 기록물들을 발견할 때가 있습니다. 책갈피에 끼워져 있거나 헌책들과 함께 들어오는 경우가 있죠. 누가 썼는지, 누가 주인인지 알 수 없는 경우가 대부분입니다. 드물게 이름이 남아 있는 건 편지일 때가 많죠. 일기가 들어오는 경우도 있습니다. 단기 4289년(1956년)에 쓰인 낡은 일기장(사진)을 하나 보관하고 있습니다. 일기 속에는 여러 사람이 등장하지만 정작 어떤 분이 썼는지는 알 수 없습니다. 내용과 필체를 봐선 그 시절 음악을 공부한 교양이 풍부한 30대 전후의 남성이었다는 것 정도만 추측할 수 있을 뿐입니다. 이 일기는 어쩌다 헌책방까지 왔을까요. 1950년대 서른 살쯤이었다면 아마 돌아가신 후 가족들이 책과 일기를 정리했겠지요. 상자 속 책들을 일일이 들춰 보지 않고는 일기를 발견하기 어려웠을 겁니다. 가족이 고인의 책을 정리하다가 일기를 발견했다면 헌책방으로 보냈을까요? (지금이라도 고인의 가족이 나타난다면 돌려 드리고 싶군요.) 이 일기를 남긴 분은 자신의 일기가 이렇게 헌책방에 들어와 가족이 아닌 다른 이의 손에 보관될 거라고는 생각지 못했을 겁니다. 자신의 일기와 물건을 정리할 '타이밍'을 놓쳤기 때문이겠지요.

가족이 소중하게 일기를 간직한 김성칠 선생과는 달리 책과 함께 일기까지 헌책방으로 보내진 것을 알면 얼마나 서운한 마음일까요. 어쩌면 헌책방에 온 것은 다행인 축에 속할지도 모르겠습니다. 아예 폐지로 버려질 수도 있었으니까요. 책과 글쓰기를 좋아했던 고인의 물건이 가족에겐 짐이 되어 결국 헌책방이나 재활용센터로 넘겨지는 걸 볼 때면 마음이 아픕니다. 헌책방을 하기 전에는 내 물건들(특히 책)과 작별한다는 걸 깊이 생각해 본 적이 없었습니다. 하지만 쉬이 올 수 있는 일이더군요. 책을 아끼던 주인이 사라지고 물려받을 사람이 없으면 대개 책이나 종이류(지폐나 증권을 제외한)의 말로는 재활용 쓰레기장입니다. 그나마 운이 좋으면 헌책방으로 오게 되고요. 이 일기의 주인이었던 분도 미리 일기나 책을 정리할 수 있는 여유가 있었다면 이런 일이 생기지 않았을 겁니다. 이런 일을 만날 때마다 '욕심내지 말고 할 수 있을 때 정리하자'고 결심합니다. 일기를 쓸 무렵(1950년 후반) 그분은 대학을 졸업하고 일자리를 찾기까지 잠시 고향에 머물렀던 듯합니다. 한국전쟁의 상흔이 아직 남아 있는 혼란스러운 시절, 일기를 쓰며 어떤 마음이었을까요. 일기의 일부를 그대로 옮깁니다.

5월 18일 금요일
"무엇 때문에 사나?"
사람은 대관절 무엇 때문에 살가? 누구나 이러한 質問(질문)을 받으면 쉽게 쫌(답)을 못한다. 그저 살기 위

5월 18日 金曜日

"무엇 때문에 사나?"

사람은 어인컬 무엇때에 산가? 누구나 이런반 - 傾向을
받으면 살게 좋을 못한다. 그럼 살기위해서 산다. 꿈이
사니까 사는 것이라고 싶어서 산다. 살려고 있으니까 산다.
이러한 맹문한 - 답을 할것이다. 이것은 生理的에 처해서
하시的으로 살이 발달이 하지 못한데이, 하고 말할까이다.
발도이 이러한고 人心은 不澤하고 不純한 社会에서
무엇을 바라고 무엇을 해야만 할가?

腐敗된 社会속에서 흐름한 소리, 신음소리가 들릴 뿐이고
서로 비워리고 꿈을 무이며 그러나고 자개하고 못하고
이렇게 志同和을 이루어 가면서 사는 것이 吾吾
現代의 生活方式 이라고 할것 같으면 人道主義의
道義는 무엇에다 할가?

사람이 산다는 것이 이까짓 이렇바에는 차음부터 나지
않았음이 오히려 나을것 같기도 하다

차라리 흙돌하는 삶이 죽어가는 動植物이 훨씬 같다
죽고 사는것이 人生이라고 하지만 生何 후에 살아 간다면
세상에 산 보람은 어디서 찾을것인가?

그럼 그렇고 사람이 대어나 땅속에서 내가 대어나고 꾸려 나온
것을 먹고 얼마쯤 자라서 걷기고 배워 말하기도 배워
부모님 손에 없이서 사랑을 받고 꿈을 것만 알다고 흥아가

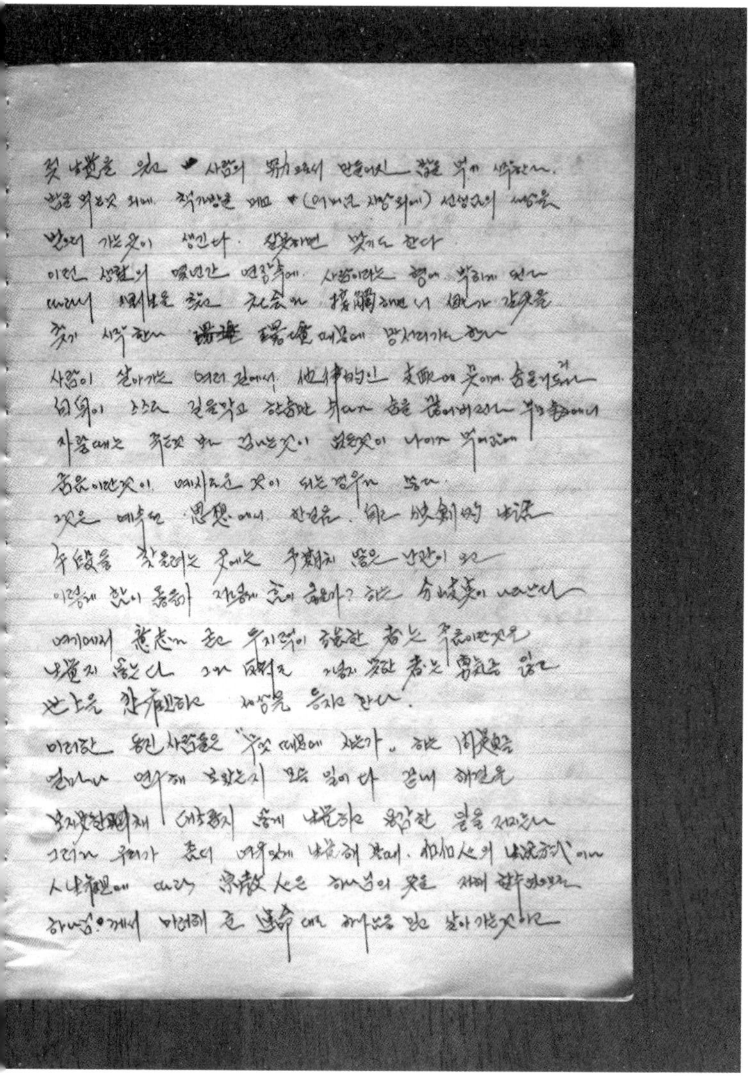

헌책과 함께 책방에 들어온 일기장.
1950년대 이름을 알 수 없는 젊은이가 쓴 일기다.

해서 산다. 남이 사니까 나도 살고 싶어서 산다. 살려고 났으니까 산다. 이러한 단순한 답을 할 것이다. 이것은 生(생)에 對(대)해서 論理的(논리적)으로 깊이 生覺(생각)해 보지 못한 데서, 하는 말일 께다. 世上(세상)이 어지럽고 人心(인심)은 極度(극도)로 惡化(악화)된 社會(사회)에서 무엇을 바라고 무엇을 해야만 할가?

腐敗(부패)된 社會(사회) 속에서 울음소리, 신음소리가 들릴 뿐이고 서로 미워하고 남을 욕하고 그러다가 자기 보고 욕하고 이렇게 調和(조화)를 이루어 가면서 사는 것이 現在(현재)의 生活方式(생활방식)이라고 할 것 같으면 人道主義(인도주의)며 道義(도의)는 무엇에다 쓸가?

젊은이의 고뇌가 절절하게 들어 있습니다. 이런 일기가 가족이나 믿는 이에게 전해지지 않고 타인의 손에 들어간다고 생각하면 괴로운 일이지만, 일기의 가치를 알아보고 보관해 줄 수 있는 이라면 불행하다고만 할 수 없겠죠.

대체 누구를 위해?

– 일기를 공개하실 계획이 있으십니까?

– 지금 말한 것처럼 죽기 전에 남은 것도 태워 버릴 겁니다. 저는 소설과 에세이만으로도 너무 많이 썼습니다. 이 이상 일기마저 인쇄될 필요는 없습니다. 대체 누구를 위해?"[32]

『오에 겐자부로, 작가 자신을 말하다』에 나오는 내용입니다. 노벨상을 수상한 소설가 오에 겐자부로는 대학 시절 자신의 스승이자 '평생의 은사'로 생각하는 와타나베 가즈오 교수●의 조언을 이야기하며 세상을 떠나기 전에 모든 일기를 정리하겠다고 인터뷰에서 말합니다. 도쿄대학교 학생이었던 시절 자신을 가르쳤고 오랜 세월 든든한 지원자였던 와타나베 가즈오 교수는 그에게 "어느 정도 기간이 지나면 일기를 태워 버리라"했죠. 오에 겐자부로는 카드(B4)나 장정한 노트(A4)에 쓰고, 소설을 준비하는 노트와 독서카드에도 짧은 일기

● 도쿄대 교수. 불문학자. 프랑스 르네상스를 대표하는 작가 프랑수아 라블레의 작품을 번역하고 소개하는 데 노력했다. 『가르강튀아와 팡타그뤼엘』을 일본어로 완역해 1964년 요미우리문학상을 수상했다. 오에 겐자부로는 『오에 겐자부로, 작가 자신을 말하다』,『읽는 인간』등 여러 책에서 그에게 많은 영향을 받았다고 고백했다.

를 적는다고 밝히고 있습니다. 모든 소설의 기초에 일상의 기록이 존재하는 셈이죠. 이 책은 2007년 출간되었습니다. 1999년 이전에 쓴 일기는 스승의 조언대로 정리하고 이후 딸에게 받은 스웨덴제 A4 판형 노트에 2006년까지 썼던 열다섯 권의 일기를 정리해 책으로 묶었습니다. 오에 겐자부로의 작품을 좋아하는 독자나 연구자에겐 이미 정리해 버린 일기가 아까울 뿐입니다. 작가와 작품의 이면까지 들여다볼 수 있는 일기가 출간되지 않은 채 남아 있는 것만으로도 흥미로울 테니까요. 하지만 작가의 입장에서는 여물지 않은 작품의 아이디어나 초고, 일상의 고민까지 공개되는 걸 피하고 싶을 겁니다.

그런데 제자에게 일기를 태우라 했던 스승도 자신의 일기 중 일부를 없애지 않고 제자에게 전합니다. 와타나베 가즈오 교수는 태평양 전쟁 당시 프랑스어로 쓴, 출간하기에 적합하지 않은 내용이 담긴 젊은 날의 일기를 제자 오에 겐자부로에게 건네줍니다. 대중에게는 공개할 수 없으나 죽음 앞둔 노학자가 신변을 정리하며 일기에 실린 내용을 이해할 수 있는 제자를 단 한 명의 독자로 선택한 거죠. 국가나 개인에게 가장 암울했던 전쟁기의 일기는 개인의 비망록 이상의 가치를 가지고 있습니다. 오에 겐자부로가 반전주의자로 평생 자신의 신념을 굽히지 않았던 것은 젊은 시절 스승에게 받은 일기의 영향도 컸을 테지요. 어쨌거나 공개할 수 없는 자신의 일기를 제대로 읽어 줄 단 한 명의 독자를 찾기란 쉬운 일이 아니겠지요. 일기를 정리하는 것 외에 가장 현명한 방법을 와타나베 가즈오 교수는 찾은 셈입니다. 주인의 부재 이후 흩어지고 떠돌아다니는 글들을 볼 때마다 쓰는 것만큼 정리하는 것도 중요한 일이라 생각합니다. 페르난도 페소아가 남긴 일기의 한 문장이 떠오릅니다. 기억하기 위해 쓰는 일기도 언젠가는 망각의 소각로에 넣어야 한다는 사실을 잊어선 안 됩니다.

나는 곧 인생의 덧없음을 느꼈다. 보고, 느끼고, 기억하고, 망각하기.[33]

10
{ 일기 쓰는 삶 }

인터뷰: 김동규, 정민희, 박채린

일기를 쓰다 보면 다른 이들은 어떻게 일상을 기록하고 있을까 궁금할 때가 있습니다. 특히 오랫동안 멈추지 않고 일기를 쓰고 있는 분들과 이야기를 나누고 싶지만 만나기 쉽지 않습니다. 일기를 쓴다고 공개하는 경우가 드물고, 일기는 내밀한 행위라 굳이 알리지 않는 편이 나을 수도 있으니까요. 인터뷰에 응해 준 김동규, 정민희, 박채린 님은 저보다 더 꾸준히 꼼꼼하게 일기를 써 온 분들입니다. 가깝게 지내는 분들이라 마음을 터놓고 다른 사람들은 어떻게 일기를 쓸까 궁금했던 점을 질문할 수 있었습니다. 앞서 제가 썼던 글보다 이 세 분의 일기 쓰는 법이 여러분께 더 도움이 되리라 생각합니다.

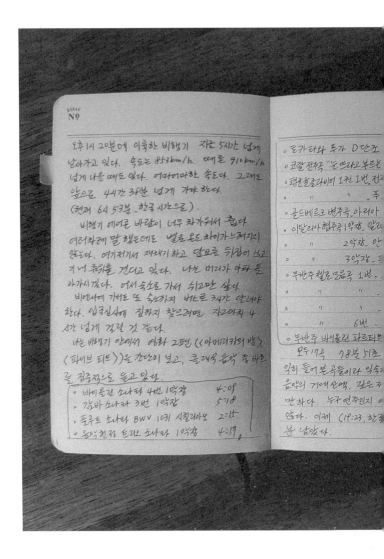

오후 1시 20분에 이륙한 비행기 지금 5시간 넘게
날아가고 있다. 속도는 85?km/h. 때로 910km/h
넘게 나올 때도 있다. 어마어마한 속도다. 그래도
앞으로 4시간 3?분 넘게 가야 한다.
(현재 6시 53분 - 한국 시간으로).

  비행기 에어콘 바람이 너무 차가워서 춥다.
여러 차례 말 했는데도 별로 온도 차이가 느껴지지)
않는다. 여기저기서 재채기 하고 담요를 뒤집어 쓰고
거의 추위를 견디고 있다. 나는 머리가 아파 들
아가시겠다. 어서 숙소로 가서 쉬고만 싶다.

  비엔나에 가서도 숙소까지 버스로 3시간 달려야
한다. 입국심사에 짐까지 찾으려면 자그마치 4
시간 넘게 걸릴 것 같다.

  나는 비행기 안에서 영화 2편(〈아메리카의 밤〉,
〈파이브 피트〉)을 감상히 보고, 클래식 음악 중 바로
를 집중적으로 듣고 있다.

- 바이올린 소나타 4번 1악장   4:0?
- 겜바 소나타 3번 1악장   5:?8
- 플루트 소나타 BWV 103? 시칠리아노   2:?5
- 현악 협주 토카타 소나타 1악장   4:3?

- 토카타와 푸가 D단조
- 코랄 전주곡 "눈뜨라고 부르는...
- 평균율클라비어 1권 1번 전...
-   "   - 푸...
- 골드베르크 변주곡 아리아
- 이탈리아 협주곡 1악장 알레...
-   "   2악장 안...
-   "   3악장 프...
- 무반주 첼로 모음곡 1번 -
-   "   "
-   "   "
-   "   6번 -
- 무반주 바이올린 파르티타

  모두 17곡 78분 5?초
익히 들어본 곡들이라 익숙...
음악의 거대산맥. 같은 ?...
만하다. 누구 연주인지 ?...
않다. 이제 (1?:23, 한국...
분 남았다.

김동규 님의 일기.

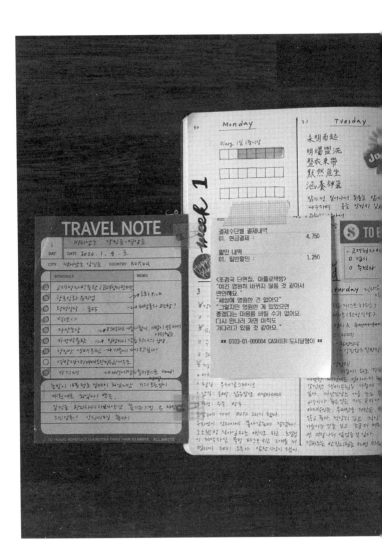

정민희 님의 일기.

박채린 님의 일기.

언제부터 일기를 쓰기 시작했는지, 일기를 쓰게 된 계기가 궁금합니다.

김동규　내 또래(50대) 대부분이 그랬겠지만 일기라고 하는 걸 쓰기 시작한 건 초등학교 시절 일기 숙제 때문이었습니다. 특히 방학 때마다 방학 과제로 일기 쓰기는 빠지지 않은 것 같은데, 거의 매번 개학 직전에 몰아서 쓰느라 애먹은 기억이 납니다. 이후 어른이 되어서 다시 쓰기 시작한 때는 1990년 남원의 어느 시골 중학교 국어 선생이 되어 학생들에게 일기 쓰기를 지도하면서입니다. 학생들에게는 일기를 쓰라고 하면서 선생인 내가 안 쓴다면 말이 안 된다고 생각했기 때문입니다.

정민희　일기는 초등학생이 되어서 시작했습니다. 숙제로 쓰게 된 것이 계기였습니다.

박채린　다섯 살 때부터 그림일기를 썼습니다. 어머니의 권유로 시작했는데 어린 시절에 쓴 그림일기가 스물한 권이 남아 있어요. 하루를 다시 떠올리고 가장 인상적인 일을 그림으로 그려 보고 글로 쓰는 게 무척 즐거웠습니다. 초등학교 때 충효 일기로 넘어가면서 일기가 의무적인 작업이 되었다가 선생님의 검사가 필요해지지 않은 시점부터 더 자유롭게 일기를 쓰기 시작했어요. 중학교 1학년 때까지 집에 있던 아무 노트에 쓰다가 중학교 2학년 때 처음으로 달력 내지가 있는 다이어리를 샀습니다. 10대 후반부터는 '그날 있었던 일과 소감'이라는 형식에 구애받지 않고 우후죽순으로 생겨나는 생각들을 자유롭게 적었어요. 고등학교 1학년 때에는 저만의 암호 글씨를 개발해서 하고 싶은 말들을 좀 더 솔직하게 표현했는데 그러다 보니 일기가 자연스레 '분출구'의 역할을 하게 된 것 같습니다.

일기를 쓸 때 가장 중요하게 기록하는 내용은
무엇인가요?

김동규 사실 저는 일기를 매일 쓰지는 않습니다. 대신 뭔가 특별한 일, 여행이나 관심 분야의 독서나 등산, 라이딩 등이 있을 때 쓰죠. 또는 특별한 일이 없을 때는 무엇이든지 특별한 의미를 부여해서 쓰기도 합니다. 조그마한 수첩에 '비망록'이라 이름 붙이고 특히 여행할 때, 산에 오를 때, 어디 둘레길 걸을 때 가지고 가서 틈날 때 적습니다. 때로는 사관처럼, 습관처럼 메모하기도 합니다. 타지에 나가면 그 지역의 풀이나 나무의 단풍 든 잎 사귀를 하나씩 모아 말려서 한지로 된 조그만 소책자 형태의 수첩에 풀로 붙여 두기도 하죠. 도감을 찾아 종명과 과명을 적어 두고 그날 그 순간의 느낌도 간단히 적습니다. 이름하여 '풀과 나무가 들려주는 소식'입니다.

정민희　할 일 목록, 날씨, 그날 먹은 것, 하루 중 인상 깊었던 일, 지출 내역입니다. 이 내용들은 루틴처럼 최대한 기록으로 남겨 두려고 합니다. '할 일 목록'의 경우, 해야 할 일을 잘 잊기도 해서 적어 놓으면 미루더라도 마음 한쪽이 불편해져서 언젠가는 하게 되기 때문입니다. 그리고 인상 깊었던 일, 강하게 남은 감정을 기록하기도 하고 하루의 동선을 간단하게 남기기도 합니다.

박채린　골고루 들어가지만 그래도 '감정'을 가장 중요하게 기록하는 것 같습니다. 저는 1년의 나날들이 전부 다 한 권에 담기는 것을 선호하는 편입니다. 그날 해야 할 일과 개인적인 기록이 적당한 분량으로 나뉘어 차곡차곡 쌓이는 걸 좋아해요. 개인적인 기록에는 책이나 영화의 인용 구절, 감상들, 좋아하는 분야에 관해 공부한 것들, 앞으로의 계획들, 장소나 경험에 대해 느낀 점

등을 쓰고 있어요. 학생 때는 이런 방식이 무리 없이 진행되었는데 직장인이 되고부터 일기를 쓰는 패턴이 변형되었어요. 업무에 대한 기록이 생각했던 것보다 많아져서 업무용 다이어리는 따로 사용하고 있습니다.

꾸준히 일기를 쓸 수 있는 노하우, 원동력은 무엇입니까?

김동규　일기를 꾸준히 쓸 수 있는 원동력은 바로 꾸준히 써야 한다는 부담에서 자신을 놓아 주는 것이라고 생각합니다. 꾸준히 쓰지 않는 것이 정답이라 생각해요. 그러나 그렇다고 해서 아예 손을 놓아 버리면 안 되니까 적어도 일주일에 한 편쯤은 쓴다는 원칙 정도는 지키려고 노력하면 어떨까 싶습니다. 그러면 1년에 50편 정도는 쓰겠지. 1년에 50편의 글이 결코 적은 건 아니니까요. 10년이면 500편이나 쌓이고, 1편에 2쪽씩만 잡아도 1,000쪽이나 되는 일기가 모이니까요. 특별한 경우지만 올 연초(2020년)에 대상포진으로 병원에 일주일간 입원한 적이 있었습니다. 틈만 나면 일기장을 펴서 한밤 중에도 새벽에도 쓰고 또 썼습니다. 그랬더니 7일간 42쪽을 쓸 수 있었습니다.

정민희　하루 30분 내외로 시간을 정해 놓습니다. 쓰다 보면 넘어갈 때가 훨씬 많지만 이렇게 시간을 좀 정해 놓고 나면 한정 없이 일기장과 노는 시간을 줄일 수 있습니다. 그러면 좀 아쉬움이 남아서 그다음 날도 이어서 쓸 수 있게 되는 것 같습니다. 전에는 정해 놓지 않고 일기장을 온갖 것으로 꾸미며 놀다가 몇 시간을 보낸 적이 있었는데 금방 지치게 되더라고요. 그리고 다음 날 해야 할 일을 오늘 대충 정리해서 미리 적어 놓습니다. 그러면 그 일을 잘했는지 점검하기 위해서라도 일기장을 펴게 되니까 또 쓰게 됩니다.

박채린　일기를 쓰면 꼭 다 채워야겠다는 강박감이 생기기 쉽습니다. 예쁘고 깔끔하게 기록을 이어 가고 싶은 욕망도 생기고요. 가득 채울 수 있으면 뿌듯하지만, 어떤 이유로 일기를 쓰지 못할 때는 애써 무리해서 쓰지 않습니다. 애초에 모든 날짜에 대한 분량이 정해져 있는 데일리 다이어리를 쓰고 있다면 어느 날짜가 텅 비어 버리거나 다소 만족스럽지 못하게 쓸 때도 있어요. 그런 아쉬움을 잘 달래서 새로운 페이지에 새로운 기록을 이어 갑니다. 특별한 기록을 위한 공간이 필요할 때 그런 빈 날짜 페이지에 쓸 수도 있거든요. 자신의 불완전함을 받아들이는 것이 기록에 대한 열망을 꺼지지 않게 하는 것 같습니다. 매년 크리스마스 즈음 1년 동안 쓴 기록을 다시 읽어 보는 시간을 가지는데, 1년 치의 즐거움과 괴로움, 기쁨과 슬픔을 훑는 순간이 정말 매력적입니다. 새까맣게 잊고 있던 영감을 다시 살릴 때도 있어서 그 순간에 대한 기대가 열심히 기록을 채우는 힘이 됩니다.

> 더는 일기를 쓸 수 없는 마지막 순간이 왔을 때 일기를 남길 건가요, 아니면 누군가에게 전할 건가요? 마지막 순간 일기에 어떤 기록을 남길지 상상해 본 적 있는지요?

김동규 적어도 일기를 더 쓸 수 없는 마지막 순간이 오기 전에, 즉 조금이라도 힘이 있을 때, 그동안 내가 써 둔 일기를 포함한 일체의 기록물들에 대해서 미리 식구들에게 말을 해 두고 싶어요. 일종의 기록물 관련 유언이겠군요. 모두 없애라고 하고 싶지는 않습니다. 가능하면 내 인생의 후반기에는 책으로 엮어도 될 일기를 모아 두고 싶어요. 그런데 나는 이미 벌써 후반기에 접어든 지 오래인 것 같군요.

정민희　어떻게 할지 생각해 본 적은 없습니다. 하지만 같이 묻어 달라고 하든지, 아니면 그 전에 조금씩 처분하는 쪽이 되지 않을까 싶기는 합니다. 일기를 보이기 싫을 때 공개되어 상처 입은 적이 있는데 그 트라우마가 남아 있는 것 같습니다. 마지막 순간까지 일기를 놓지 않고 계속 쓸 수 있다면 내 주변의 사소한 것들과 사람에 대한 이야기를 쓰고…… 여전히 일상에 대해서 쓰지 않을까요?

박채린　마지막 순간을 상상한 적은 있습니다. 갑작스러운 죽음을 맞이한다면 마지막 일기에는 무슨 내용이 남아 있을까, 하는 것들이요. 운 좋게 정말 마지막 순간까지 기록을 할 수 있다면 그때 남아 있는 행복한 기억들에 관해 쓸 것 같습니다. 마지막 시점에서 지금을 바라봤을 때 오늘 쓰는 일기가 얼마든지 최후의 기록이 될 수 있으니 생각들을 더욱 부족함 없이 쏟아 내고 싶습니다. 그렇게 쓴 일기는 마지막 순간까지 제 곁에 두고 싶습니다. 친한 사진작가 친구가 있다면 눈을 감은 후 일기장을 쥐고 있는 제 모습을 찍어 주었으면 좋겠어요.

평소 일기를 쓸 때 애용하는 문구가 있나요? 추천하고

싶은 용품이 있는지요?

김동규   메모할 때는 이런저런 필기구를 가리지 않는 편입니다. 일기를 쓸 땐 가끔 만년필도 쓰지만 만년필은 대개 종이 뒤쪽에도 잉크가 배어 나오는 수가 있어서 정말 가끔 사용해요. 중고 시절부터 만년필로 쓰는 걸 좋아해서 지금까지 많은 만년필을 썼지만 지금 쓰고 있는 만년필을 제외하고는 모두 잃어버렸어요. 만년필은 정말 잃어버리기 좋은 물건인 듯해요. 노트는 N서울타워 선물 코너에서 우연히 발견한 수첩(아이코닉디자인에서 나온 'UN RECUEIL D'ESSAIS')을 사용하고 있어요. 마음에 들어서 그 자리에서 색깔별로 한 권씩, 모두 다섯 권을 사서 지금 두 권째 쓰고 있습니다. 표지의 감촉이 무척 좋고 색감도 좋아요. 필기구는 아주 평범한 동아 파인테크 0.3mm를 추천하고 싶어요. 글씨를 가늘게 쓰고 싶은 사람은 이게 딱 좋아요. 글씨가 잘 써지고 볼펜처럼 찌꺼기가 생기지 않아요. 문구점에 갈 때마다 검은색 세 개, 파란색 세 개, 빨간색 한 개 이렇게 사서 씁니다.

정민희   일기장은 미도리 MD노트 M사이즈를 사용합

146

니다. 국산품을 쓰려고 많이 찾아보고 있지만 아직 정착할 만한 노트를 찾지 못했습니다. 그리고 만년필과 궁합이 너무 좋아서 쉽게 포기하지 못합니다. 펜은 주로 만년필과 피그먼트 펜 위주로 씁니다. 만년필은 여러 개를 기분에 따라 골라 쓰는데 요즘은 특히 세일러 프로기어 슬림 시리즈 중의 두 가지 모델과 대만 브랜드인 와이스튜디오의 포터블 만년필을 쓰고 있습니다. 피그먼트 펜은 스테들러 피그먼트 라이너 세트, 사쿠라 피그마 망가 세트를 씁니다. 펜촉의 굵기가 다양해서 이 세트 하나만 있어도 제목을 붙이고 내용을 쓸 때 다양한 글자 크기를 조절하고 강조할 수 있어서 즐겨 씁니다. 그 밖에 다양한 마스킹 테이프, 메모 패드, 색연필, 가위, 30도 각도 커터 칼, 지그 투웨이 글루를 사용합니다. 특히 지그 투웨이 글루는 마카처럼 생긴 풀인데 종이에 바른 뒤 덜 말랐을 때 붙이면 완전히 붙고 마른 뒤에 붙이면 포스트잇처럼 붙였다 떼었다 할 수 있어서 유용합니다. 접착력도 생각보다 훌륭합니다.

박채린　샤프펜슬로 쓰는 걸 좋아합니다. 연필이 가장 좋지만 뭉뚝해지면 글자의 굵기가 일정하지 않기 때문에 대안으로 샤프펜슬을 선택했어요. 볼펜으로 쓸 때보다 단단한 기분이 들어서 좋아요. 회색빛도 좋고 사각 거리는 느낌도 마음에 듭니다. 저번에 요트를 타며 항해일지를 적다가 배가 흔들려 필통이 통째로 바다로 빠져 버린 일이 있었습니다. 오랫동안 사용하던 필기구들이 많았는데 순식간에 사라지니 정말 허무하더라고요. 아쉬움이 자꾸 생겨서 '소모품에 대한 미련을 버리자'고 생각했습니다. 오히려 몽땅 잃어버린 김에 새로운 필기구들을 찾아 나섰어요. 다행스럽게도 손에 더욱 잘 맞는 샤프펜슬을 발견했습니다. 요즘은 펜텔의 그래프 1000 포 프로라는 제품을 쓰고 있습니다.

다른 사람에게 읽어 보라 권하고 싶은 일기가 있는지요?

김동규　　베르나르 올리비에의 『나는 걷는다』(효형출판, 2003)를 권하고 싶습니다. 세 권을 모으면 1200쪽이 넘으니 두툼한 목침, 아니 책침(책 베개)으로 써도 충분한 두께입니다. 이 책이 정확히는 일기가 아니라 여행기이지만, 원래의 형태는 일기였겠죠. 그날그날 걸으며 보고 들은 일, 겪은 일들을 적어 간 일기가 이렇게 엄청난 여행기가 된 것입니다. 올리비에 씨는 신문기자로서 일선에서 물러난 뒤 적은 나이가 아닌데도 평소에 그렇게도 걷고 싶었던 예전의 실크로드를 걷는 일에 몸을 던지고 기록을 남겨 이렇게 책을 묶었습니다. 그는 터키 이스탄불에서 중국 시안까지 단 1킬로미터도 빼먹지 않고 오로지 자신의 두 발로 걸어서 여행합니다. 봄부터 가을까지 4년 동안 올리비에 씨가 그 머나먼 거리를 걸으며 겪은 일들은 너무나도 경이롭고 놀랍습니다. 사진 한 장 없는 데다 1200쪽이 넘지만, 읽으면서 어떤 여행기 못지않게 상상력을 더해 가며 웃으며, 때론 눈물을 찔끔거리며 읽을 수 있을 겁니다.

정민희　제가 읽어 본 일기는 『안네의 일기』밖에 없는 것 같습니다. 그 일기를 읽고 저도 한때 일기장에 이름을 붙여서 대화를 나누듯 쓰기도 했습니다. 하지만 요즘에는 그런 일기보다 일기장을 내게 맞는 스타일대로 잘 쓸 수 있는 팁을 구하는 데 더 관심이 있습니다. 그래서 SNS를 통해 다른 사람들이 쓴 일기를 살펴봅니다. 『인생이 두근거리는 노트의 마법』(라이팅하우스, 2017)이라는 책을 인상 깊게 보았고 권하고 싶습니다.

박채린　『레오나르도 다 빈치의 수첩』(지식여행, 2005). 레오나르도 다 빈치가 40년 동안 기록한 메모와

수기를 모은 책입니다. 그의 생각과 감정이 생생히 담겨 있어 가슴 설레며 읽은 기억이 납니다. 그리고 『몽테뉴 수상록』(동서문화사, 2013)도 추천하고 싶군요. 일기라기보다는 에세이라고 해야겠지만 1583년 3월 1일 그가 서문으로 남긴 매력적인 글을 읽고 나면 일기를 쓰는 태도에 대해서 무릎을 '탁' 치게 될 거예요.

> 이 책을 읽는 이여, 여기 이 책은 성실한 마음으로 썼음을 밝힌다. 이 작품은 처음부터 내 집안일이나 개인적인 일을 말해 보는 것밖에는 다른 어떤 목적도 있지 않았음을 말해 둔다. (……) 내 결점들이 여기에 있는 그대로 나온다. 터놓고 보여 줄 수 있는 한도에서 타고난 그대로의 내 생김을 내놓았다. 만일 내가 아직도 대자연의 태초의 법칙 아래 감미로운 자유를 누리며 살고 있는 국민 속에서 태어났다면, 나는 기꺼이 자신을 통째로 적나라하게 그렸으리라는 것을 장담한다. 그러니 이 책을 읽는 이여, 여기서는 나 자신이 바로 내 책의 재료이다. 이렇게도 경박하고 헛된 일이니, 그대가 한가한 시간을 허비할 거리도 못될 것이다. 그러면 안녕.

지금까지 써 왔던 일기 중 가장 기억하고 싶은 날이
있나요? (일부를 소개해 주실 수 있나요?)

김동규 가장 기억하고 싶은 날인지는 잘 모르겠으나
몇 년 전 종이 공책에 썼던 글을 컴퓨터에 저장해 놓은
게 있어 소개합니다. 그때도 그랬고 요즘에도 그런데,
새벽에 일어나면 책이나 신문을 읽고 그 내용에 대한 자
신의 생각을 중심으로 글쓰기에 딱 좋습니다.

　　　　새벽 4시 30분에 일어나 어제 읽지 못한 신문(『한
겨레』)을 읽었다. '책과 생각' 섹션에 실린 책 소개
스물일곱 편의 글을 꼼꼼히 읽었다. 이 중 아홉 편
을 엄선하여 번호를 매겼다. 정여울의 「청소년 인
문학」 난에 실린 '기억의 지문 – 장소를 향한 향수'
가 의미 깊게 다가왔다. 이번에 소개된 책에는 사
회학자의 책이 여럿 눈에 띈다. 조은(동국대 사회
학 교수)의 『사당동 더하기 25』, 찰스 더버(보스
턴대 사회학 교수)의 『마르크스가 살아 있다면』,
피터 버거(미국의 사회학자)의 『어쩌다가 사회학
자가 되어』 등이다. 책을 읽어 보고 싶게 소개를
잘했다. 내셔널 지오그래픽에서 펴낸 단행본으로

본 적 있는 존 뮤어의 이야기가 우리나라 사람 원재길 씨의 책으로 나왔다. 제목이 『존에게 나무숲을 주세요 – 존 뮤어 이야기』이다. 자연과 하나 되어 자연을 지켜 낸 사람 존 뮤어에 관한 이야기인데 꼭 읽어 보고 싶은 책이다. 「최재봉의 공간」에 실린 '시인 김선우' 편을 흥미롭게 읽었다. 주문진 복사꽃밭 이야기가 화사하게, 야속하게, 안타깝게 펼쳐진다. 그의 시들을 읽고 싶어진다. 「김형태 변호사의 비망록」 '이승복 사건 오보 소송(상)'을 읽었다. 예나 지금이나 『조선일보』는 문제일보다. 그리고 시평 두 편과 사설 세 편을 읽었다. 사설 중 '장관 된 프랑스 입양아, 죄수 된 한국의 혼혈인'을 마음 아프게 읽었다.

정민희　2020년 2월 15일 토요일에 썼던 일기입니다.

결혼한 지 8년 만에 갑자기 아이가 생겼다. 작년에 유산도 겪었기 때문에 아이는 내 인생에 없는 일이라고 생각하고 살았다. 그래서 다시 임신이 되었을 때는 그저 얼떨떨하고 전혀 실감이 나지 않았다. '실감나지 않음'은 그 후로도 몇 개월 계속되었고 사실 만삭인 지금도 실감을 못하고 있다. 아이가 태어나면 현실감이 아니라 '현타'가 오겠지만 말이다. 그때의 일기부터 차근차근 읽어 오다 보면 내가 아이에게 어떻게 마음을 열어 가고 어떤 각오를 해 가는지 어떻게 변해 가는지 알 수 있다. 처음에는 부르기도 어색했던 태명도 자연스레 부르고 아이의 건강을 간절히 바라고 애정 어린 목소리로 아이에게 말을 건다. 나도 모르게 '나의 변화'에 대해 기록하고 있었다.

박채린 2017년 1월 11일에서 12일 사이에 쓴 일기. 오사카에서 파리에 도착할 때까지 시간과 위치를 기록하며 쓴 일기가 있습니다. 생애 처음으로 열두 시간짜리 비행을 하며 바깥 풍경을 보고, 책을 읽고, 영화를 보며 든 생각들을 적었어요. 그러다가 우주적인(!) 경험을 하게 되었는데 그 순간의 기록이 가장 기억에 남습니다.

한국이 오후 4시 23분, 파리가 오전 8시 23분인 지금 나는 엄청난 경험을 하고 있다. 왼쪽 창에서는 석양이 나를 정면으로 비추고 있고 오른쪽 창에서는 보랏빛 하늘에 달이 떠 있다. 자연과 시간,

공간이 나를 관통하고 있다. 이렇게 아름다운 순간에 존재하다니, 조금 눈물이 났다. 열두 시간의 비행에 완전한 어둠이 없다는 게 신기하다. 달이 떠서 어두워지는 줄 알았는데 또다시 낮으로 돌아가고 있다. 묘한 시간여행이다.

휴대폰이나 컴퓨터를 이용해 일기를 쓰거나 보조 수단으로 활용하는지요? 반대로 일기장에 쓴 내용을 디지털화하는지요?

김동규　오토바이 라이딩 일지는 컴퓨터로 기록하고 있습니다. 오토바이를 사기 직전부터 지금까지 라이딩 일지는 빼먹은 날이 없어요. A4 용지 한 쪽에 라이딩 일지를 대략 6~7회를 쓰고 있으니 분량 면에서 그리 부담되지는 않는 것 같습니다. 오토바이를 타는 날에는 작은 수첩에 매번 기록합니다. 운행 시간, 운행 거리, 기온, 날씨, 주유 내용(주유소 이름, 주유량, 리터당 단가, 총 주행거리) 등을 메모해서 나중에 가끔씩 시간을 내어서 컴퓨터 파일로 만드는 작업을 합니다. 기록을 보니 지금 타고 있는 BMW 1600cc 기종을 2년 3개월 중 226일을 운행해 총 1만 5400킬로미터를 달렸습니다. 주유는 매번 평균적으로 20리터씩 모두 49회 했으므로 980 리터를 썼고요. 총 평균 연비를 계산하면 리터당 15.7킬로미터군요. 2017년에 탄 처음 오토바이는 혼다 CBR 500cc인데 1년 4개월 동안 모두 146회 운행을 하였고, 주행거리는 1만 353킬로미터입니다. 총 주유 횟수는 10리터씩 38회, 리터당 평균 연비는 27.24킬로미터입니다. 오토바이도 덩치가 크면 연비가 확 줄어든다는 걸 기록으로 확실히 알 수 있죠.

정민희 휴대폰을 이용해서 그날 빠뜨렸던 해야 할 일, 무엇을 샀는지. 그날 문득 드는 생각이나 글귀, 일기장에 필사해 두고 싶은 구절 같은 것을 캡처해 두거나 메모한 뒤에 옮겨 씁니다. 저는 '손으로 쓰는 맛'을 좋아하다 보니 기기들에 저장해 두거나 디지털화하는 작업은 잘 하지 않습니다. 가끔 노트가 마음에 들게 정리가 되었거나 어느 정도 기록이 쌓여서 성취감을 느낄 때 사진이나 영상을 찍어 SNS에 남겨 두기는 합니다.

박채린 휴대폰 메모장과 아이패드, 블루투스 키보드를 보조 수단으로 아주 잘 활용하고 있습니다. 이동 중일 때나 종이를 펼칠 수 없는 순간에 손 안의 휴대기기가 고마운 적이 많아요. 그리고 아날로그 작업의 디지털화에 관심이 많은데, 단편적인 일기의 내용이 글의 재료가 되는 경우가 많습니다. 또한 아이패드를 이용해 어렸을 적 쓰던 그림일기를 다시 써 보고 싶다는 생각도 들었어요. 일정한 글씨체처럼 그림 느낌도 통일되었으면 해서 지금은 여러 그림을 그리며 가장 마음에 드는 그림체를 찾고 있습니다.

일기나 자신의 기록이 유용하게 쓰였던 경험이 있나요?

김동규 학교에서 직원 여행을 가거나 회의를 할 때 누가 무슨 발언을 하는지, 누가 무슨 노래를 부르고, 노래방 점수는 몇 점인지 이런 것까지 시시콜콜 적어 두었다가 이듬해 또는 여러 해가 지난 뒤 예전의 동료 교사를 만나 우연히 그 기록 이야기가 나오면 그걸 찾아다가 내용을 다시 들려준 적이 있습니다. 예전의 기록을 다시 들추는 것, 아무것도 아닌 것들에서 배꼽 빠지게 웃으며 신나하는 것⋯⋯. 글쎄 이것이 유용한 일인지는 잘 모르겠군요. 정말 유용하게 일기를 써먹은 일은 앞에 답한 '독서일기' 같은 것인데, 독서 관련 강연 때 독서일기를 바탕으로 소개한 적이 있습니다. 이건 확실히 유용했어요.

정민희   여행 갔던 곳의 기록을 남겨 두었더니 여행지에 대한 추천을 구하는 친구에게 동선이나 가 볼 만한 곳, 먹은 음식의 가격이나 입장료 등을 상세히 알려 줄 수 있었던 기억이 있습니다. 대학 때는 졸업 작품 상담을 하러 들어갈 때마다 말이 바뀌는 교수님에게 전에는 이런 의견을 주셨다며 기록을 읽어 드린 적이 있습니다. 사회에 나와서는 한 번도 써 보지 않은 기획서를 쓰기 위해 자료를 모으고 내게 유용한 것들을 발췌하는 데 일기가 도움이 되었습니다. 얼개를 잡고 담고 싶은 내용들을 중구난방으로 적어 두었다가 추수하듯 건져 내어 배열하고 말을 만들어 갈 수 있었던 것도 모두 메모하고 기록하는 습관 덕이었던 것 같습니다.

박채린   2016년에 '청춘의 체계'라는 콜라주 기록물을 전지 사이즈의 커다란 책으로 만들어 설치 전시를 하고, 그 책을 해체해 좋아하는 카페의 벽을 가득 채워 새로운 콜라주를 했던 적이 있습니다. 저의 체계 없는 삶이 타인에게 불편함을 주었던 경험으로 충격을 받은 뒤, 어설픈 청춘이 단단히 다져야 하는 태도가 무엇인지 궁금해 답을 찾아간 기록이었습니다. 저의 탐구 노트가 전시된 셈인데, 이 방식이 너무나 즐거웠어요. 2019년에는 뉴질랜드에서 열흘간 비파사나 명상을 하며 거의 매 순간을 촘촘히 기록한 일기를 다듬어 첫 책『사적인 파라다이스』(2019)를 썼습니다. 원래 비파사나 명상에서는 쓰는 행위도 금지했지만 저는 그때 무조건 글로 남겨야 한다는 직감이 들어 절실하게 채웠어요. 명상 코스가 끝나고 나서 스승님께 기록에 대한 양해를 구했습니다. 기록을 한 권의 결과물로 완성하는 경험이 무척 특별했습니다.

마지막으로 일기를 쓰려는 이들에게 해 주고 싶은
이야기가 있는지요?

김동규 일기 쓰기가 짐이나 숙제가 아니라 즐거운 일로 이어질 수 있게 일기장 한 권을 다 쓸 때마다 자신에게 깜짝 선물을 해 주면 좋을 것 같아요. 특히 청소년 시절에 유용한 방법이겠네요. 나이 들면서 습관이 되면 일기 쓰는 게 더욱 즐거워질 것 같습니다. 작은 수첩과 필기도구를 늘 챙겨 다니는 습관을 들이면 좋겠어요. 연전에 뉴질랜드 남섬에 보름 동안 여행할 기회가 생겼을 때 자그마한 100쪽짜리 공책 한 권을 챙겨 갔었습니다. 여행하며 공책 100쪽을 깨알 같은 메모와 기록으로 모두 채웠습니다. 재미로 습관적으로 일기도 이렇게 써 나가면 자신의 삶이 역사가 될지 누가 알겠어요? 역사가 되지 않아도 좋아요. 내가 나의 삶을 소중히 여기고 의미를 부여하는 작업으로 일기만 한 게 없는 듯해요.

정민희　사소한 것이라도 조금씩 쓰면 그게 쌓여서 나의 역사가 되는 것 같습니다. 특출난 사람들의 역사에는 관심이 있지만 '나'의 역사에는 별로 관심이 없습니다. 그렇다고 해서 그냥 보내 버리기엔 내 인생과 흔적이 너무 아깝다는 생각이 듭니다. 그래서 하다못해 오늘 뭘 먹었는지 뭘 했는지 감정 따위 담겨 있지 않은 단순한 기록이라도 좋으니 직접 '쓰기'를 시작해 보았으면 합니다. 그러다 보면 자신의 감정에 귀 기울이는 날도 올 거라는 생각도 들고요. 그리고 지칠 때는 안 써도 된다고 생각합니다. 멀리 봤을 때 하루나 이틀, 일주일, 한 달 정도를 쉬더라도 다시 또 쓰기를 이어갈 수만 있으면 족하다고 생각합니다. 쓰는 게 스트레스가 되어서 영영 쓰지 못하는 것보다는 나으니까요.

박채린 일기는 현실에 마음을 여는 시간을 선물해 줍니다. 어떤 단어로 시작해서 문장의 끝을 향해 가는 동안 생각이 정렬되거든요. 단 한 줄이라도 좋습니다. 가끔 방향을 잃었을 때 이미 기록해 온 오랜 생각의 흐름을 되짚어 보면 길이 보일 때가 있어요. 지난 시간이 생생히 살아 있으면 지금의 삶이 더욱 풍성하게 느껴지거든요. 그 기분을 많은 분이 맛보았으면 합니다.

김동규
현직 고등학교 국어교사이자 라이더. 『오토바이로,
일본 책방』을 읽고 책방에 찾아오셔서 인연을 맺었다.
지금까지 만난 분 중 가장 꼼꼼한 기록자.

정민희
문화예술사회적기업 새노리에서 일하다 현재 육아에 전념하고
있는 갓난이 엄마이자 '다꾸'(다이어리 꾸미기)의 장인.
문구 이야기를 꺼내면 눈을 반짝이는 동네 친구.

박채린
처음 만났을 땐 단골 카페 '다원'의 아르바이트 학생이었고,
현재는 뉴질랜드 비파사나 명상센터에서 썼던 일기를 모은 책
『사적인 파라다이스』의 작가이자 사진가.

11

{ **맺음말** }

일기, 글쓰기가 두려운 이를 위한 첫걸음

양심적인 작가라면 무엇보다도 종이에 펜을 대기 전에 주제에 관해 글로 쓰인 모든 것을 통독하려 할 것이다. 플로베르는 소설 『부바르와 페퀴셰』를 집필하기 위해 무려 1500권이 넘는 책을 읽었다고 1880년 1월 25일에 전했다. (결국 그는 2000권을 읽어 치웠다. 그는 이렇게 말했다. "이렇게 풍부한 자료를 읽은 덕에 나는 학자 티만 내는 사람 신세를 면할 수 있었다." 과연 그럴까?)

F. L. 루카스의 『좋은 산문의 길, 스타일』(메멘토, 2018)에 나오는 문장입니다. 이 책을 쓰기 위해 꽤 많은 책을 읽었다고 말하고 싶지만 플로베르만큼 노력했

다고 할 수는 없군요. 그는 『부바르와 페퀴셰』(책세상, 2006)를 쓰기 위해 많은 책을 읽었지만 결국 결말을 짓지 못하고 세상을 떠납니다. 그의 소설은 책에서 찾은 지식으로 세상을 설명하려는 자들을 비꼬고 있지만 지식은 대부분 책에서 실마리를 찾을 수밖에 없으니 책 말고 별다른 방법이 없습니다. 그런데 참고할 자료를 찾으며 의외로 '일기를 어떻게 쓸까?'라는 방법을 알려 주는 책은 보기 어려웠습니다. 이제 막 일기를 쓰기 시작하는 어린이(초등학교 저학년)를 위한 책이 대부분이더군요. 어린 시절 일기를 써 보았기 때문에 성인이라면 일기 쓰는 법을 굳이 배울 필요가 없기 때문이겠죠. 초등학생이 되면 으레 숙제로 일기를 쓰고, 자연스레 글쓰기를 배웁니다. 사실 우리는 그 시절에 이미 일기를 어떻게 쓰는지 배우고 익혔습니다. 만약 일기를 처음 썼던 초등학생 때부터 성인이 된 지금까지 일기 쓰기를 멈추지 않았다면 이 책을 읽을 필요는 없을 겁니다.

언제 일기 쓰기를 중단했는지 과거의 기억을 되살려 보면 일기를 숙제로 내지 않았던 시점으로 돌아갑니다. 강제성이 사라지는 순간 일기 쓰기를 그만둔 사람이 저만은 아닐 겁니다. 강제성이 없더라도 일기 쓰는 즐거움을 깨달아 계속 기록했다면 얼마나 좋았을까 싶지만 시간을 다시 되돌릴 수 없으니 지금이라도 쓰고 있다는 사실에 만족해야겠군요. 성인이 되어 다시 일기를 쓰기 시작했을 때 일기를 어떻게 쓸 것인가에 대해선 고민하지 않았습니다. 이미 배웠으니까요. 어떻게 하면 중간에 그만두지 않고 꾸준히 쓸 수 있을까 고민은 했습니다. 멈추지만 않는다면 나만의 방법을 찾는 건 어렵지 않을 거라 생각했고, 일기 쓰는 재미를 잃어버리지 않기 위해 노력했죠. 계속 일기를 써 온 분은 이 책에서 새로운 점을 찾기 어려웠을 겁니다.

'양심적인 작가가 되기 위해' 참고할 만한 책을 수소문했지만 결국 책꽂이에 있던 다른 이들이 남긴 일기와 글쓰기 방법에 관한 책들을 다시 꺼냈습니다. 더는 찾지 않을 거라고 생각했던 책들이었죠. 이 책을 쓰며 저도 다시 글쓰기에 대한 생각을 가다듬을 수 있었습니다. 역시나 '솔직함이 최선의 글쓰기'라고 결론을 내렸습니다. 솔직한 글쓰기는 오늘 일기를 쓰는 데서 시작할 수 있고, 글쓰기의 두려움을 없애는 데도 도움이 된다는 걸 확신하게 되었습니다. 스티븐 킹이 『유혹하는 글쓰기』(김영사, 2002)를 시작하는 첫 문장으로 세르반테스의 명언 "정직이 최선의 방책이다"를 인용한 이유도 모든 글쓰기의 기초가 자신의 감정과 생각을 솔직하게 드러내는 것부터라는 걸 알려 주고 싶어서였겠죠. 추사 김정희가 "지금 글쓰기에 마음을 둔 사람에게 가장 중요한 명제가 있으니, 그것은 곧 글쓰기는 무엇보다도 먼저 자신을 속이지 않는 데서부터 시작해야 한다"[34]고 강조했던 것도 마찬가지입니다. 남에게 보이기 위한 글쓰기는 쉬이 솔직하기 어렵습니다. 독자가 많고 적음을 떠나 나의 글을 누군가 읽는다고 생각하면 걸러 내고 덧붙이고 포장하게 되니 원래 내가 쓰고 싶었던 글로 마무리하기 힘들죠. 하지만 일기는 나만을 위한 기록이니 남의 눈을 의식할 필요도 거짓을 보탤 필요도 없습니다. 솔직 담백하게 부담 없이 자신의 경험과 생각을 옮기면 됩니다. 글쓰기는 거기서부터 시작하는 거죠.

잠자기 전 30분, 오늘 일을 정리하는 즐거움

어떻게 하면 글쓰기를 잘할 수 있을까 오랫동안 고민하며, 또 읽고 쟁여 둔 책들을 다시 읽으며 이 책을 쓰기(썼다기보다 엮었다고 하고 싶군요) 시작했습니다. 덕분에 예전 일기장을 다시 꼼꼼하게 들춰 보기도 했죠. 이 책의 얼개를 만들 때쯤(2019년 10월 7일) 썼던 일기입니다.

일기와 필사는 일상의 고요가 흔들리지 않도록 잡아 주는 닻과 같은 역할을 한다. 외부의 힘에 휘둘리지 않으며 일상을 지키는 일을 중요하게 여기고, 그 도구로 일기와 필사를 택한 지 오래되었다. 돌이켜 보면 그리 나쁘지 않은 선택이었던 듯하다.

맺음말에서 하고 싶은 이야기를 그날 일기에 이미 다 썼군요. 대구예술발전소에서 일기와 관련된 강의를 끝내고 잠시 수강하신 분과 이야기를 나눌 기회가 있었습니다. (저와 마찬가지로) 글을 잘 쓰고 싶어서 글쓰기 방법에 대한 책을 많이 찾아 읽었지만 "아예 쓰지 않으니 그 책들이 소용없었다"고, 이번 기회에 매일 일기라도 써야겠다고 하셨습니다. 일기를 쓰면 자연스럽게 글쓰기 방법을 알려 주는 책에서 배운 것을 써 볼 테니 굳이 글쓰기를 위해 새로운 주제를 찾거나 따로 연습할 필요가 없겠다고 하시더군요. 저로선 반가운 이야기였습니다.

일기를 꾸준히 쓰고, 좋아하거나 관심 있는 주제에 대해 자료를 찾고 모은다면 일기를 쓰기 전보다 훨씬 나은 글쓰기를 할 수 있다는 건 제 경험으로도 충분히 입증이 가능합니다. 이 책도 그 증거의 한 부분이겠네요. 일기를 쓰지 않고 경험을 머릿속에만 담아 두었다면 책을 펴내기 힘들었겠죠. 물론 책을 내거나 다른 목적을 위해 일기를 쓰진 않았습니다. 오늘 일을 잊지 않고 싶은 마음을 일기로 옮긴 것뿐이죠. 그런데 꾸준히 일기를 쓰다 보니 글쓰기가 업이 아닌 저도 책으로 묶을 만큼 원고가 늘었고 출판 기회도 얻었습니다. 기록과 필사를 멈추지 않으면 언젠가 일기장에서 또 다른 이야깃거리를 모아 다른 사람과 공유할 수도 있을 겁니다. 당장 실현 불가능한 일도 어쩌면 아주 작은 실천에서 시작됩니다. 하루 한 쪽 일기장을 채우는 일은 글쓰기를 해보려는 분들이 충분히 할 수 있는 일입니다. 습관이 들고 재미를 느낄 때까진 약간의 성실과 인내가 필요하지만 다른 어떤 일보다 쉽고 간단합니다. 자기 전에 30분쯤 시간을 내어 일기장을 펴고 펜을 들어 오늘 있었던 일을 정리하면 되니까요.

재미를 느끼고 습관이 들 때까지 멈추지 않기

데릭 젠슨의 『네 멋대로 써라』(삼인, 2005)에는 핑크 플로이드의 「타임」 가사를 인용하며 학생들에게 글쓰기에 대해 강의하는 내용이 나옵니다. 열기 가득한 강의실 조명을 끄고 어둠 속에서 학생들과 함께 핑크 플로이드의 「타임」을 듣는 장면을 상상해 봅니다.

> 넌 젊고 삶은 길어, 오늘도 때울 시간은 있잖아.
>
> 그러던 어느 날, 네 뒤로 십 년이 가 버린 걸 알게 되지.
>
> (……)
>
> 해는 웬만큼 그대론데, 넌 조금 더 늙었고,
>
> 숨결은 더 가빠지고, 죽음에 하루 더 가까이 가지.
>
> 한 해 한 해 갈수록 짧아지고, 때를 찾지 못할 거 같아.
>
> 계획마다 허탕이고, 아님 반쪽짜리 끼적거린 낙서뿐.[35]

그가 수업 마지막에 「타임」을 들려준 까닭이 무엇인지 알 듯합니다. 시간은 우리의 바람처럼 기다려 주지 않죠. 세월은 믿을 수 없을 만큼 빠르게 흘러갑니다. 시간을 거스를 수는 없지만 기억하고 기록할 수 있습니다. 이 노래 가사의 핵심은 "네 뒤로 십 년이 가 버린 걸 알게 되지"에 있겠지만 저는 "반쪽짜리 끼적거린 낙서뿐"에 더 마음이 갑니다. 낙서라도 종이 위에 무언가 써둔 것은 세월이 지나도 남아 있으니까요. 그 낙서 때문에 과거 10년 전 어느 시점의 내 모습을 구체적으로 기억할 수도 있습니다. 무엇이라도 쓰는 사람은 그렇지 않은 사람보다 세월을 마주하는 '맷집'이 더 셀 겁니다. 일기를 쓰는 일은 매일 마음의 맷집을 키우는 일이라 생각합니다. 오랫동안 일기를 쓰지 않았거나 새로이 일기를 쓰고 싶은 이들에게 약간의 팁과 자신감을 줄 수 있다면 그것만으로 이 책의 역할을 다했다고 생각합니다. 일기 쓰기에 정답은 없습니다. 그저 몸에 배고 재미를 알 때까진 묵묵히 하루 일을 기록하는 수밖에요.

글쓰기에 대한 욕망은 누구나 가지고 있습니다. 그럼에도 글쓰기를 쉽게 시작하지 못하는 이유는 잘 써야 한다는 강박과 무엇을 써야 할지 모르는 답답함이 가로막고 있기 때문일 겁니다. 하지만 일기는 그런 부담을 가질 필요가 없습니다. 일기는 온전히 자신과 나누는 대화이고 누구에게도 털어놓을 수 없는 고민과 슬픔까지 들어줄 '디어 키티'•니까요. 일기를 쓰다 보면 스스로 어떤 사람인지 깨닫게 됩니다. 나의 부족한 점과 깜냥을 헤아릴 수 있게 되죠. 그리고 일기를 쓸 때만큼은

• 안네 프랑크는 일기를 쓰며 편지를 보내듯 '디어 키티'로 시작했다.

다른 사람들과 부대끼며 서 있는 것이 아니라 온전히 홀로 독립할 수 있습니다. 그것만으로도 충분하지 않나요.

+ 인용하고 참고한 책들(가나다순)

이 글을 쓰는 데 도움을 준 책을 소개합니다.

『글쓰기에 대하여』, 찰스 부코스키 지음, 박현주 옮김, 시공사, 2015 / 『죽음을 주머니에 넣고』, 찰스 부카우스키 지음, 설준규 옮김, 모멘토, 2017

찰스 부카우스키(부코스키)는 대학 중퇴 후 오랜 세월 공장 노동자로 생활하며 글을 쓰지 못하다 우체국에서 일하며 작품을 발표합니다. 그의 인생을 보면 글쓰기를 위해선 가난해도 안정적인 수익이 필요하다는 생각이 들더군요. 버지니아 울프가 '자기만의 방'과 '500파운드의 연금'이 중요하다고 했던 것도 같은 이유일 듯합니다. 그의 글은 거칠고 날것이지만 막힌 속을 뻥 뚫는 쾌감을 줍니다.

『네 멋대로 써라』, 데릭 젠슨 지음, 김정훈 옮김, 2009

살인자, 강도, 마약 중독자에게도 글쓰기를 가르쳤던 데릭 젠슨은 뛰어난 작가이자 사회 변혁 운동가입니다. 40권이 넘는 책을 썼죠. 국내에도 이 책뿐 아니라 『문명과 혐오』(아고라, 2020) 등 여러 권이 번역되었습니다. 다양한 사람들에게 글쓰기를 가르친 경험이 이 책에 고스란히 녹아 있습니다. 데릭 젠슨은 우리 주변에서 일어나는 모든 것이 '글감'이라고 강조합니다. 형식에 얽매일 필요도 없습니다. '멋대로' 쓰다 보면 나만의 글쓰기 요령이 생기게 마련이죠.

『무서록』, 이태준 지음, 범우사, 2019 /『문장강화』, 이태준 지음, 임형택 해제, 창작과비평사, 1993

책방 제일 높은 곳 선반에 올려 둔 칠판에『무서록』에 나온 글귀를 뽑아 써 두었습니다. "책은 한껏 아름다워라. 그대는 인공으로 된 모든 문화물 가운데 꽃이요. 천사요. 또한 제왕이기 때문이다." 가장 좋아하는 작가를 한 명 꼽으라면 단연코 이태준입니다.『무서록』은 빼어난 수필이고,『문장강화』는 일제강점기에 나온 책이지만 글쓰기에 대한 고전으로 평가됩니다.

『박정희 할머니의 육아일기』, 박정희 지음, 걷는책, 2011

박정희 선생님의 일기 원본을 보며 놀라워했던 것이 엊그제 같은데 벌써 10년이 훌쩍 넘었습니다. 다른 이의 일기를 보고 '아름답다'고 느낀 최초의 경험이었습니다. 부모가 되어 자식을 기르면 누구나 육아일기를 써 보려 결심합니다. 하지만 이 결심이 꾸준함을 얻기란 쉽지 않습니다. 중간에 그만두는 경우가 대부분이죠.『박정희 할머니의 육아일기』를 읽어 보면 다시 한번 마음을 잡는 계기가 되지 않을까요.

『별것도 아닌데 예뻐서』, 박조건형·김비 지음, 김영사, 2018

페이스북에 올라오는 박조건형 작가님의 일상 드로잉을 보며 감탄했습니다. 공장 노동자로 일하며 겪은 일들을 따뜻하고 세밀한 그림으로 보여 주었죠. 밋밋하게 글로 일기를 쓰는 것보다 그림을 넣고 싶어 작가님께 직접 그림을 배우기도 했습니다. 짧은 기간이었지만 당시에는 꽤 열심히 그렸습니다. 역시나 쉬운 일은 아니더군요. 이 책을 보면 다시 그림일기에 도전해 보고픈 마음이 생깁니다.

『불안의 책』, 페르난도 페소아 지음, 김효정 옮김, 까치, 2012 / 『불안의 책』, 페르난두 페소아 지음, 오진영 옮김, 문학동네, 2015

페소아의 『불안의 책』은 국내에 번역 출판된 3종을 모두 가지고 있습니다. 책에서 언급하지 않은 것은 소설가 배수아 님이 옮긴 『불안의 서』(봄날의책, 2014)가 있군요. 굳이 세 권 모두 구해 읽은 것은 그만큼 페소아의 매력이 컸기 때문입니다. 깜냥이 부족해 어떤 번역본이 더 낫다고 말할 수는 없습니다. 이 책은 다른 이름까지 써서 자아의 밑바닥까지 관찰했던 한 사람의 고백록입니다. 일기 형식을 띤 문학작품 중 최종판 같은 느낌이랄까요.

『서점일기』, 숀 비텔 지음, 김마림 옮김, 여름언덕, 2021

헌책방을 하고 있는지라 서점에 관련된 책은 거의 사서 읽는 편입니다. 서점을 운영하며 일기를 쓰고, 그 일기가 책으로 묶인 것이 많습니다. 숀 비텔의 『서점일기』도 그중 하나입니다. 우리나 외국이나 동네 서점은 점점 설 자리를 잃고 있지만 여전히 버티는 사람들이 있습니다. 그런 서점 이야기를 읽으며 용기를 얻습니다.

『선인들의 공부법』, 박희병 편역, 창비, 1998

공부법이란 따로 있는 것이 아니라 읽고 쓰는 것이 전부가 아닐까요. 옛 선비의 공부법은 곁눈질이 없는 듯합니다. 이 책은 그런 사람들이 남긴 '공부법에 관한 글'을 따로 뽑아 묶은 책입니다. 나온 지 오래되었는데 절판되지 않는 이유는 우직하게 반복하며 읽고 쓰는 공부가 정석이고 그걸 확인하고 싶은 독자들이 계속 존재하기 때문이겠죠.

『설국』, 가와바타 야스나리 지음, 유숙자 옮김, 민음사, 2002

가와바타 야스나리에게 노벨상을 안겨 준 작품이고 일본 문학 최고의 작품으로 꼽히기도 하지만, 작품 전체에 흐르는 '허무'는 쉽게 받아들이기 힘들더군요. 주인공 시마무라와 고마코의 대화 중 일기를 쓰느냐 묻는 시마무라에게 "그럼요. 묵은 일기를 읽는 건 즐거워요. 뭐든 감추지 않고 쓰니까 혼자 읽어도 창피해요"라던 고마코의 답은 잊을 수가 없었습니다. 37쪽부터 39쪽까지 이어지는 두 사람의 대화가 작품 속 어떤 장면보다 강렬하더군요.

『송라인』, 브루스 채트윈 지음, 김희진 옮김, 현암사, 2012

이 책의 표지를 장식하고 있는 건 낡은 몰스킨 수첩입니다. 브루스 채트윈이 그토록 애정했던 물건이죠. 노트북이나 스마트폰 따위는 없던 시절 글을 쓰려는 사람들에게 필요한 친구는 수첩과 연필뿐이었죠. 오스트레일리아 원주민들에게 '꿈의 발자취'로 알려진 길 '송라인'을 걸으며 그는 몰스킨에 일기를 썼습니다. 그 일기가 이상엽 사진가의 표현대로 "유려한 문장, 소설 같은 구성, 여행기의 교과서" 같은 『송라인』으로 묶였습니다.

『시노다 과장의 삼시세끼』, 시노다 나오키 지음, 박정임 옮김, 앨리스, 2017

어떤 분야든 1만 시간을 투자하면 전문가가 된다는 '1만 시간의 법칙'이 유효하다는 걸 보여 주는 책입니다. 시노다 나오키 씨는 스물일곱 살부터 23년 동안 세 끼 식사를 대학 노트에 그렸고, 이 책이 나온 2013년에는 분량이 45권에 달했다고 합니다. 그 시간이 쌓여 저자는 전문 일러스트레이터 못지않은 그림 실력을 가지게 되었다고 하죠. 이 책을 보노라면 성실함만이 모든 난관을 뛰어넘게 한다는 단순한 진리를 깨닫습니다. 그림 일기에 도전하고 싶은 분께 강력 추천합니다.

『실비아 플라스의 일기』, 실비아 플라스 지음, 김선형 옮김, 문예출판사, 2014

실비아 플라스에게 우울을 고백할 존재는 일기밖에 없지 않았을까요. 『실비아 플라스의 일기』를 읽는 내내 그 생각을 지울 수 없었습니다. 만약 그가 살아 있다면 자신의 일기가 책으로 묶이길 원하지 않았을 텐데요. 어쨌거나 스스로 목숨을 끊을 때까지 자신의 속마음을 털어놓은 건 일기였습니다. 하지만 안타깝게도 계속해서 엄습하는 우울에서 벗어나진 못했습니다. 일기도 도움이 되지 못했죠.

『아흔일곱 번의 봄 여름 가을 겨울』, 이옥남 지음, 양철북, 2018

도라지 캐서 장에 내다 팔고 그 돈으로 공책 사고 연필을 사서 일기를 쓰기 시작한 때가 할머니 예순여섯 살 되던 해입니다. 그렇게 쓰기 시작한 일기가 30년 동안 쌓였고, 그중 가려 뽑아 묶은 책이 『아흔일곱 번의 봄 여름 가을 겨울』입니다. 읽는 동안 가슴 뭉클하고 코가 시큰한 적이 얼마나 많았는지. 일기를 써 보겠다 하시는 분께 항상 가장 먼저 추천하는 책입니다.

『안네의 일기』, 안네 프랑크 지음, 홍경호 옮김, 문학사상사, 1995

세상에서 가장 많이 알려진 일기니 따로 설명할 필요가 있을까요. 전쟁 중 나치를 피해 숨어 지내는 안네 프랑크에게 일기는 유일한 친구였습니다. "당신에게라면 내 마음 속의 비밀들을 모두 털어놓을 수 있을 것 같아요." 일기를 쓰는 이유가 안네 프랑크의 고백 속에 모두 들어 있습니다. 누구나 비밀은 있고 그걸 들어줄 존재가 필요하죠.

『역사 앞에서』, 김성칠 지음, 창비, 2018

해방 이후 한국전쟁이 한창이던 1951년까지 김성칠 선생은 꼼꼼하게 당시 상황을 일기에 기록합니다. 서울대에서 학생을 가르치는 역사학자였던 선생은 불행한 역사를 기록으로 남겨야 한다는 의무감을 가졌던 것이 아닐까요. 한국전쟁이 터지고 서울이 함락되던 날(1950년 6월 28일) 선생의 일기에는 "서로 얼싸안고 형이야 아우야 해야 할 처지에 있는 그들이 오늘날 누굴 위하여 무엇 때문에 싸우는 것이냐"며 통탄합니다. 70년이 지났지만 여전히 우리는 숙제를 풀지 못하고 있으니 슬픕니다.

『오에 겐자부로, 작가 자신을 말하다』, 오에 겐자부로, 오자키 마리코 진행 정리, 윤상인·박이진 옮김, 문학과지성사, 2013

노벨상 수상 작가인 오에 겐자부로가 자신의 삶 전체를 되돌아보는 인터뷰집입니다. 이 책에는 글쓰기와 관련한 여러 에피소드가 나오고 일기에 대해서도 짤막하게 내용이 나옵니다. 자신의 일기를 "죽기 전에 남은 것도 태워 버릴 것"이라고 단언하죠. 같은 생각이라 이 글을 읽으며 고개를 끄덕였습니다. 언젠가 삶을 마감할 때가 온다면 가장 먼저 일기부터 정리할 듯싶습니다.

『일기, 나를 찾아가는 첫걸음』, 스테파니 도우릭 지음, 조미현 옮김, 간장, 2011

일기를 어떻게 쓸까. 성인 독자를 위해 나온 책을 찾으면 의외로 책이 적습니다. 대부분 초등학생이 대상이거나, 일기 쓰기를 지도하는 교사를 위한 책이죠. 이 책은 그나마 '일기 쓰는 법'에 대해 성인 독자를 대상으로 설명하는 책입니다. 풍부한 예문과 일기 쓰기를 독려하는 과제가 실려 있습니다. 책 뒷날개에는 열다섯 가지 '일기쓰기의 기본 지침'이 나옵니다. 모두 소개할 수는 없지만 가장 마음에 드는 한 가지를 여기에 옮기고 싶군요. "어제 쓴 일기는 잊어라. 오늘은 또 다시 새로운 마음가짐으로 임하라."

『일기를 쓰다 - 흠영선집』, 유만주 지음, 김하라 옮김, 돌베개, 2015

조선 후기 젊은이였던 유만주는 짧은 생 동안 스물네 권의 일기를 남깁니다. 만 스무 살에 일기를 쓰기 시작해 병으로 세상을 떠났던 서른네 살까지 매년 한 권씩 일기를 썼죠. 관직에 들지 못해 괴로워했지만 그는 자유로운 생각을 가진 몽상가이기도 했고, 관찰하고 기록하길 좋아하는 역사가이기도 했습니다. 그가 남긴 일기 『흠영선집』은 조선 후기 생활상을 생생하게 복원할 수 있는 가치 있는 자료로 평가받죠.

『전쟁일기』, 루트비히 비트겐슈타인 지음, 박술 옮김, 읻다, 2016

세상에는 보통 사람보다 훨씬 먼 곳을 내다볼 수 있는 능력을 가진 천재들이 있습니다. 루트비히 비트겐슈타인도 그중 하나였죠. 그는 자신이 본 것을 자신만의 방법으로 기록합니다. 그것도 전쟁 중에요. 어쩌면 전쟁이라는 부조리하고 폭력적인 상황이 그를 더 예민하게 만들고 사고의 능력을 증폭시킨 것인지도 모르겠습니다. 논리학과 철학의 가장 난해한 문제들을 풀기 위해 노력했던 증거가 『전쟁일기』입니다.

『책 읽기를 정말 좋아하는 사람들 아닌가』, 버지니아 울프 지음, 정소영 옮김, 온다프레스, 2021

버지니아 울프가 남긴 600편 넘는 산문 중에 13편을 뽑아 묶은 책입니다. 짧은 글 한 편을 쓰는 데도 진이 빠질 때가 많은데 울프는 그 일을 평생 멈추지 않았습니다. 소설과 신문, 잡지에 발표한 글뿐 아니라 일기도 남겼으니, 온전히 읽고 쓰는 삶이었습니다.

『타인의 고통』, 수전 손택 지음, 이재원 옮김, 이후, 2004

수전 손택의 일기 『다시 태어나다』(김선형 옮김, 이후, 2013)를 읽으며 참고할 만한 내용이 있지 않을까 했는데, 책 속에선 『타인의 고통』의 문장을 인용했습니다. 그는 이미지를 통해 타인의 고통을 바라보고 소비하는 우리의 관음증에 대해 말합니다. 매일 우리는 전쟁과 기아, 재난을 겪으며 고통당하는 사람들의 이미지를 마주합니다. 타인의 고통이 미디어를 통해 끊임없이 재생되는 시대를 사는 우리에게 수전 손택의 이 책은 많은 생각을 안깁니다.

『헌책방에서 보낸 1년』, 최종규 지음, 그물코, 2005

기록이 곧 역사가 된다는 사실을 보여 주는 책입니다. 1년 동안 전국의 헌책방을 찾아다니며 남긴 일기이자 책방에서 만난 책에 대한 서평으로 가득한 책입니다. 『헌책방에서 보낸 1년』에 나온 책방 중에는 이제 문을 닫은 곳도 많습니다. 그렇기에 더 중요한 가치가 있습니다. 900쪽에 가까운 방대한 기록을 담은 헌책방 여행 일기는 다시 나오기 힘들겠죠.

++ 미주

1) 이태준, 『문장강화』, 임형택 해제, 창작과비평사, 1993, 97쪽.

2) 찰스 부카우스키, 『죽음을 주머니에 넣고』, 설준규 옮김, 모멘토, 2017, 17쪽.

3) 앞의 책, 36쪽.

4) 찰스 부코스키, 『글쓰기에 대하여』, 박현주 옮김, 시공사, 2015, 311~312쪽.

5) 페르난두 페소아, 『불안의 책』, 오진영 옮김, 문학동네, 2015, 583쪽.

6) 앞의 책, 90쪽.

7) 김성칠, 『역사 앞에서』, 창비, 2018, 86~87쪽.

8) 수전 손택, 『타인의 고통』, 이재원 옮김, 이후, 2004, 46쪽.

9) 가와바타 야스나리, 『설국』, 유숙자 옮김, 민음사, 2002, 37쪽.

10) 이태준, 『무서록』, 범우사, 2019, 58쪽.

11) 브루스 채트윈, 『송라인』, 김희진 옮김, 현암사, 2012, 247~248쪽.

12) 월간 『사진예술』, 2002년 3월호.

13) 스테파니 도우릭, 『일기, 나를 찾아가는 첫걸음』, 조미현

옮김, 간장, 2011, 13쪽.

14) 장 그르니에, 『일상적인 삶』, 김용기 옮김, 민음사, 2010.

15) 『논어』, 옹야편, 子曰: "知之者不如好之者,
   好之者不如樂之者."

16) 『교보문고 북뉴스』 2015년 7월 17일 자, 「유시민의 글쓰기
   특강 3」.

17) 데릭 젠슨, 『네 멋대로 써라』, 김정훈 옮김, 삼인, 2009,
   19쪽.

18) 버지니아 울프, 『책 읽기를 정말 좋아하는 사람들 아닌가』,
   정소영 옮김, 온다프레스, 2021년, 203쪽.

19) 실비아 플라스, 『실비아 플라스의 일기』, 김선형 옮김,
   문예출판사, 2014년, 480쪽.

20) 앞의 책, 402쪽.

21) 루트비히 비트겐슈타인, 『전쟁일기』, 박술 옮김, 읻다,
   2016년, 8쪽.

22) 앞의 책, 400~401쪽.

23) 앞의 책, 466쪽.

24) 안네 프랑크, 『안네의 일기』, 홍경호 옮김, 문학사상사,
   1995, 332쪽.

25) 앞의 책, 340쪽.

26) 국립진주박물관 특별전시 '오희문의 난중일기 『쇄미록』
   – 그래도 삶은 계속된다', 2020년 10월 13일~2021년 8월
   15일.

27) 유만주, 『일기를 쓰다2 ─ 흠영선집』, 김하라 옮김, 돌베개, 2015, 278쪽.

28) 『오마이뉴스』 2004년 2월 9일 자.

29) 숀 비텔, 『서점일기』, 김마림 옮김, 여름언덕, 2021, 27쪽.

30) 앞의 책, 8쪽.

31) 김성칠, 『역사 앞에서』, 창비, 2018, 86쪽.

32) 오에 겐자부로 지음, 오자키 마리코 진행 정리, 『오에 겐자부로, 작가 자신을 말하다』, 윤상인·박이진 옮김, 문학과지성사, 2013, 395쪽.

33) 페르난도 페소아, 『불안의 책』, 김효정 옮김, 까치, 2012, 73쪽.

34) 박희병 편역, 『선인들의 공부법』(창비, 1998), 203쪽.

35) 데릭 젠슨, 『네 멋대로 써라』(김정훈 옮김, 2009), 83쪽.

일기 쓰는 법

: 매일 쓰는 사람으로 성찰하고 성장하기 위하여

2021년 12월 24일   초판 1쇄 발행
2025년 1월 24일   초판 5쇄 발행

지은이
조경국

펴낸이	**펴낸곳**	**등록**	
조성웅	도서출판 유유	제406-2010-000032호(2010년 4월 2일)	

주소
경기도 파주시 돌곶이길 180-38, 2층 (우편번호 10881)

전화	**팩스**	**홈페이지**	**전자우편**
031-946-6869	0303-3444-4645	uupress.co.kr	uupress@gmail.com
	페이스북	**트위터**	**인스타그램**
	facebook.com	twitter.com	instagram.com
	/uupress	/uu_press	/uupress

편집	**디자인**	**마케팅**	
김은우, 송연승	이기준	전민영	

제작	**인쇄**	**제책**	**물류**
제이오	(주)민언프린텍	라정문화사	책과일터

ISBN 979-11-6770-020-9 04080
         979-11-85152-36-3 (세트)